1000 HUNDENAMEN

Namen begleiten uns ein Leben lang,
sie sind Teil unserer Persönlichkeit.
Nicht anders bei unserem treuesten
Begleiter: Der Name des Hundes steht
für Zugehörigkeit und Zuneigung und
soll Spiegel seines Charakters sein.
Mit diesem Ratgeber finden Sie den
passenden Namen für Ihren Liebling.

Inhalt

WAS ALLES HINTER HUNDENAMEN STECKT

DIE SCHÖNSTEN
HUNDENAMEN VON A BIS Z

WISSENSWERTES & WITZIGES

Geschichten von und über Hunde finden Sie auf den Seiten 21, 23, 28, 30, 35, 38, 42 und 45.

Was alles hinter
Hundenamen
steckt

Ein Fisch namens Wanda? Höchstens im Kino. Zierfische schwimmen meist namenlos durchs Aquarium. All den anderen Tieren jedoch geben wir Namen. Beim Hund muss es der richtige sein: Sein Name soll Charakter und Erscheinungsbild beschreiben und Ausdruck sein für seine Persönlichkeit.

Was bei Hundenamen wichtig ist

Namen verändern die Welt. Namen geben Profil, erleichtern das Miteinander und die Kommunikation und lassen Fremde zu Freunden werden. Namen transportieren Gefühle und Sehnsüchte und festigen die Bindungen an Mitmenschen und Tiere. Bei unseren Heimtieren ist der Name Symbol des Vertrauens und der Zuneigung zwischen Mensch und Tier. Einem Tier, das einen Namen trägt, gestehen wir unbewusst einen anderen Stellenwert zu: Es wird von einer „Sache" zum Mitgeschöpf und Partner. Von allen Tieren, die sich der Mensch zu seinen Gefährten und Hausgenossen gewählt hat, ist uns der Hund am nächsten. Mit ihm teilen wir – mehr noch als mit einer Katze – unser Leben. Er ist Partner bei Sport und Spiel, begleitet uns auf Reisen und im Urlaub, ist Vertrauter und Seelentröster. Aus dem ehemaligen Wächter und Arbeitstier ist längst der beste Freund des Menschen geworden – vollwertiges Familienmitglied, Kumpel und Beschützer der Kinder, treuer Begleiter für Singles und Senioren. Der Name des Hundes soll all das ausdrücken: Nähe und Zuneigung, Zugehörigkeit und Zuverlässigkeit.

Aber noch viel mehr: Ein Name soll natürlich zu seinem Träger passen, er soll Erscheinungsbild und Wesen, Abstammung und möglichst auch die individuellen Merkmale beschreiben. Und nicht selten verknüpfen die stolzen Besitzer mit dem Namen auch ihre eigenen Erwartungen und Ansprüche an den vierbeinigen Partner. Was bei einem kleinen Welpen, der erst noch ein richtiger Hund werden will, nicht immer ganz einfach ist. Die Züchter von Rassehunden tun sich da schon leichter: Alle Hunde ihrer Zuchtlinie tragen den gleichen Zwingernamen (→ Seite 14). Der Name begleitet den Hund ein Leben lang, er und seine Menschen müssen damit in jeder Situation zurechtkommen. Bei Katzen darf man der Fantasie freien Lauf lassen und ihnen die abenteuerlichsten und tollsten Namen verpassen. Sie hören darauf oder auch nicht und gehen ansonsten ihrer Wege. Mit dem Hund bewegt man sich in der Öffentlichkeit, sein Name verbindet ihn wie eine unsichtbare Leine mit seinem Besitzer und schützt ihn und andere vor Gefahren (→ Seite 11). Ein Hundename muss alltagstauglich sein, und jeder Hund sollte frühzeitig lernen, auf seinen Namen zu hören.

Das **Geheimnis** des richtigen Namens

Der Name nach Maß. Hundenamen gibt es wie Sand am Meer: traditionelle, Ruf- und Kosenamen, Namen prominenter Vierbeiner aus Film, Fernsehen und Literatur, Comic-Namen und Trendsetter, Namen von Show-Champions und Lebensrettern und nicht zuletzt reine Fantasienamen.

Folgendes sollten Sie bei der Namensgebung für Ihren Hund beachten:

➤ Ein- oder zweisilbige Namen lernt Ihr Hund besonders schnell (→ Seite 17).

➤ Bei Lob und Tadel macht der Tonfall die Musik. Lang gesprochene Vokale garantieren Ihnen seine ungeteilte Aufmerksamkeit.

INFO
KOSENAMEN HABEN KONJUNKTUR

➤ Kosenamen sind Ausdruck unserer intensiven Beziehung zum Hund.

➤ Als Kosenamen eignen sich vor allem kurze Wörter und speziell Namen, die auf „i" oder „y" enden („Maxi", „Blacky", „Fiffi", „Bärli").

➤ Verbinden Sie den Namen möglichst oft mit einer Streicheleinheit. Dann kommt Ihr Hund bei jedem Rufen immer zuverlässig und freudig herbei.

➤ Ist ein Verweis fällig, sollten Sie nicht mit dem Kosenamen, sondern mit „Pfui!" oder „Nein!" tadeln.

Ach, ist der Kleine süß! Ein tapsiger Welpe verleitet oft dazu, ihm einen „kindgerechten" Namen zu geben. Vergessen Sie bitte nicht, dass auch aus dem herzigsten Wonneproppen ein richtiger Hund wird. Und der soll ja schließlich einen Namen tragen, der wirklich zu ihm passt.

TIPP
KOMMT GANZ GROSS RAUS

Kleine Hunde sind häufig starke Persönlichkeiten. Warum nicht die innere Größe auch im Namen dokumentieren? Von „Minimax" ist Ihr Yorkshire bestimmt angetan. Oder vielleicht „Löwenherz" für einen mutigen Jack Russell Terrier?

➤ Der Name muss von der ganzen Familie und allen, die mit dem Hund zusammen sind, akzeptiert werden (→ Tipp Seite 10).

➤ Kleine Kinder können komplizierte und lange Namen oft nicht richtig aussprechen.

➤ Entscheiden Sie sich möglichst für einen einzigen Namen. Gibt es eine Kurz- oder Koseform (wie z. B. Cleo von Cleopatra), wählt man den praxisgerechten kürzeren.

➤ Ein Hundename sollte keine negativen Assoziationen wecken. Sonst überträgt man leicht unangenehme Erinnerungen an Menschen oder Situationen auf den Hund.

➤ Bitte keinen Tabunamen. Hundenamen dürfen weder religiöse Überzeugungen beleidigen noch Menschen lächerlich machen.

➤ Peinlich, peinlich. Witzig gemeint, doch wer will schon im Stadtpark lauthals rufend hinter „Ferkel" oder „Killer" herlaufen?

➤ Trend ade. Die Namen prominenter TV- und Filmhunde bringen Glamour ins Haus. Vergessen Sie nicht: Die Promis sind morgen out, Ihr Hund trägt den Namen zeitlebens.

➤ Eine Frage der Ehre. Der Name sollte den Hund nicht entwürdigen. „Doppelwhopper" oder „Stinky" sind keine Hundenamen.

Prinz & Prinzessin

Feinstes Futter, sorgen-
freies Leben, penible
Pflege und Hingabe
ohne Ende. Wer wer ist,
weiß, was er wert ist.
Und hat auch seine
Ansprüche.

Pirat & Abenteurer

Dort draußen spielt
die Musik. Nachbars
Kater ärgern, auf
Brautschau gehen,
unbekannte Ecken
ausbaldowern: Das
ist das wahre Leben.

Macho & Maestro

Hier kommt der Boss.
Nicht immer einfach
für die Kollegen von
der eigenen Fraktion.
Für seinen Herrn und
Meister aber geht er
durch jedes Feuer.

Typ- und Charakter-Test:

➤ Ein Futterwechsel wird
zum Familiendrama.
➤ Er reagiert eifersüch-
tig auf alle und jeden.
➤ Er schwärmt für die
blaue Stunde mit Ihnen.
➤ Er achtet auf seine
gepflegte Erscheinung.
➤ Er hält sich von den
Artgenossen eher fern.
*Horoskop: Fische
(Horoskope siehe S. 15)
Namensliste auf S. 22*

➤ Er geht auch auf eige-
ne Faust on the road.
➤ Er steht alle Nase lang
sehnsüchtig an der Tür.
➤ Er ist total verrückt
nach Sport und Spiel.
➤ Er scheut Zoff mit
anderen Hunden nicht.
➤ Er ist der geborene
Jogging-Partner.
*Horoskop: Wassermann,
Schütze, Zwillinge (S. 15)
Namensliste auf S. 25*

➤ Er wacht zuverlässig
über Haus und Garten.
➤ Er zeigt Artgenossen
gern, wer der Chef ist.
➤ Er akzeptiert Befehle
nur von Ihnen.
➤ Er ist als Beschützer
der Kinder unschlagbar.
➤ Er reagiert in jeder
Situation souverän.
*Horoskop: Löwe und
Widder (S. 15)
Namensliste auf S. 31*

Babyboomer & Muttis Liebling

Gourmethäppchen aus der Hand, im Bett schlafen, keine Angst vor bösen Hundebuben haben müssen. Wie gut, dass sich jemand kümmert.

Mimose & Dornröschen

„Rühr-mich-nicht-an!" heißt die Paraderolle. Sensibel, schüchtern und schnell beleidigt. Tief drinnen aber ganz wild aufs Schmusen und Liebhaben.

Schmusetiger & Couch Potato

Gassi gehen? Nein danke! Das Sofa ist der Nabel der Welt. Und Schmusen mit Frauchen ist ja auch eine echte Fitnesskur – für die Seele.

Wozu gehört Ihr Hund?

➤ Er bleibt draußen immer in Ihrer Nähe.
➤ Er ist der liebenswerteste Bettler von allen.
➤ Er geht vor fremden Hunden in Deckung.
➤ Er gerät fast in Panik, wenn er allein ist.
➤ Er will ständig mit der Hand gefüttert werden.
Horoskop: Jungfrau und Steinbock (S. 15)
Namensliste auf S. 36

➤ Er bleibt zu Fremden immer auf Distanz.
➤ Er ist beleidigt, wenn Sie keine Zeit haben.
➤ Man weiß nie genau, was er wirklich will.
➤ Er ist ein Schatz, wenn er mit Ihnen allein ist.
➤ Er lässt sich oft über Stunden nicht blicken.
Horoskop: Krebs und Skorpion (S. 15)
Namensliste auf S. 39

➤ Ihm sind die täglichen Siesta-Zeiten heilig.
➤ Er würde am liebsten 24 Stunden schmusen.
➤ Man muss ihn zum Gassigehen tragen.
➤ Er wacht eifersüchtig über seine Ruheplätze.
➤ Er ist als Zuhörer und Seelentröster der Beste.
Horoskop: Stier und Waage (S. 15)
Namensliste auf S. 41

Wenn **Hundenamen Mode** machen

Die Zeiten ändern sich. Die Namen auch. Namen spiegeln stets ein bisschen Zeitgeist, Lebensanschauung und aktuelle Trends wider. Für Hundenamen gilt das besonders. Vor allem prominente vierbeinige Vorbilder stehen oft Pate für ihre weniger bekannten Artgenossen. Die Gleichung ist einfach: Je berühmter der Hund, desto größer die Heerschar seiner Namensvettern. Was deren Besitzer zur Wahl des illustren Taufnamens treibt, liegt auf der Hand: ein Fünkchen vom Glamour für den eigenen Partner und der insgeheime Wunsch, dass in ihm etwas von den Charaktereigenschaften und Talenten der Promi-Paten schlummern möge. Wenn er zur gleichen Rasse gehört wie der Star im Rampenlicht und ihm in Statur und Farbe gleicht, haben Herr und Hund sowieso schon gewonnen.

Manche Namen sind unauflöslich mit bestimmten Rassen verbunden. Da ist es fast ein Affront, mit anderen Namen gegen den Strom zu schwimmen. Filmlegende Lassie (→ Seite 24) hat nicht nur ungezählten Collie-Generationen den Namen gegeben, sie gilt als der Collie schlechthin. Lassie ist ein Evergreen wie der sagenhafte Bernhardiner Barry oder Pluto, Disneys unsterbliche Comic-Figur. Viele andere Hundepromis jedoch waren eher Sternschnuppen und sind längst vergessen: Wer kennt noch Schäfer-

(→ Seite 24)

TIPP
NAMENSTAG IM FAMILIENRAT

Singles sind im Vorteil – zumindest bei der Namenswahl für ihren Hund: Der eigene Wunschname gewinnt immer. Bei mehreren Namensgebern haben alle ihre persönlichen Helden: Oma träumt vom Dackel ihrer Jugend, die Kids schwärmen für den vierbeinigen TV-Star, Mama besteht auf einem Kindernamen, und Papa ... darf die Wogen glätten. So läuft's am besten: Jeder notiert seinen Favoriten und drei weitere Lieblingsnamen. Gemeinsam diskutiert der Familienrat das Für und Wider, bis nur noch zwei Namen zur Wahl stehen. Dann kommt es zur Abstimmung: Die Mehrheit entscheidet.

hund Bullet, früher Serien-Star im US-Fernsehen, Loriots vorlautes Schlappohr Wum oder Richard Nixons Checkers? Ob TV-Polizist Rex, Wuschelmischling Benji oder die urige Bordeauxdogge Huutsch aus „Scott und Huutsch" die Zeiten überdauern werden?

Klassisch und zeitlos

Wer beim Hund auf Trendnamen setzt, kann früher alt aussehen, als ihm lieb ist. Bei den klassischen Vorlagen ist seltener mit vorschnellem Bekanntheitsschwund zu rechnen. Die klangvollen Namen aus Weltliteratur,

Geschichte und Mythologie haben ihren festen Freundeskreis. „Attila" und „Ajax", „Fricka" und „Flora", „Castor" und „Clio", „Loki" und „Leo" schaffen es zwar nie unter die Top Ten der beliebtesten Hundenamen, sind aber alles andere als zweite Wahl. Und manchmal erhält ein Traditionsname Aufwind durch neuzeitliche Vettern. Wie „Kevin", der seit dem Kinohit „Kevin allein zu Haus" absolut angesagt ist. Andere sind seit vielen Jahren ein Geheimtipp: Über „Bootsmann" stolpert man nicht an jeder Straßenecke, auch wenn Astrid Lindgrens Jugendbuch „Ferien auf Saltkrokan", in dem der tapsige Bernhardiner eine schwergewichtige Rolle spielt, heute wie vor 30 Jahren von Kindern auf der ganzen Welt veschlungen wird. Und auch mit Schopenhauers „Butz" (→ Seite 28) liegen Sie garantiert in 20 Pudelgenerationen noch richtig.

Der **Name** ist die unsichtbare **Leine**

Bei der Taufe von Katze, Sittich, Maus oder Hamster darf man der Fantasie freien Lauf lassen: Nur selten ist mit ihren Namen eine praktische Bedeutung verknüpft. Beim Hund dagegen ist der richtige Name die unsichtbare Leine, mit der sein Besitzer ihn führt und kontrolliert. Um Hunden ein Kommando zu geben, muss man zuerst ihre Aufmerksamkeit erregen. Das klappt am besten mit dem vertrauten Namen. Auf Nummer Sicher geht man dabei mit kurzen, ein- oder zweisilbigen Namen, die nicht mit häufig verwendeten Wörtern verwechselt werden können. Ein „Blitz", der den Befehl „Sitz!" kennt, wird sich in der Regel erst einmal auf seinen Hosenboden setzen, wenn er seinen Namen hört. Hunde sind perfekte Beobachter, sie reagieren zuverlässig auf unsere Körperhaltung und Gesten. Beim Ruf des Namens sollten Sie möglichst aufrecht und frontal zum Hund stehen. Hat er dann Blickkontakt aufgenommen, gibt man das gewünschte Kommando und verleiht ihm mit Handzeichen Nachdruck (→ Namens-Trainingsprogramm, Seite 16). Ebenso wie mit Befehlen mit dem Namen bitte sparsam umgehen. Wer zehn Mal „Hasso, Hasso!" ruft und wild gestikulierend hinter seinem Hund herrennt, darf sich nicht wundern, wenn der für Herrchens oder Frauchens Wünsche kein offenes Ohr mehr hat.

Basics
der Hundeerziehung

DIE GRUNDREGELN DES GEHORSAMS

Jeder Familienhund sollte die wichtigsten Kommandos kennen und befolgen. Nur so geht man beim gemeinsamen Spaziergang und im Straßenverkehr kein Risiko ein, nur so kann unerwünschtes Verhalten gestoppt und gleichzeitig die Beziehung zum vierbeinigen Partner gefestigt werden.

Mit **Welpen** läuft's ganz **spielerisch**

Mit acht bis zehn Wochen kommt der Welpe ins Haus. In der Zeit davor hat der tapsige Kerl schon eine Menge gelernt, vor allem durch das Beobachten des Verhaltens seiner Mutter, aber auch im Umgang mit den Wurfgeschwistern. Jetzt müssen Sie die Mutterrolle übernehmen und Ihrem neuen Partner beibringen, was er darf und was nicht. Die Bereitschaft zum Lernen und zum Einordnen ins Familienrudel bringt jeder Hund von Natur aus mit. Beim Junghund lassen sich diese Anlagen leicht und spielerisch fördern. Die wichtigsten Lektionen der Grunderziehung dienen dazu, den Hund in jeder Lebenslage sicher unter Kontrolle zu haben. Er muss mit der Leine vertraut sein, er soll herbeikommen, wenn er gerufen wird, auf Befehl anhalten, sich setzen, hinlegen und auf Wunsch warten. Die Aufmerksamkeit eines Junghundes erlahmt schnell: mit kurzen und einfachen Übungen beginnen, Befehle leise und ruhig geben und den Schüler nach jeder gelungenen Aktion loben

Vertrauen und Zuneigung sind die Basis der Hunde-erziehung. Nur bei einem Hund, der seinen Besitzer akzeptiert und als Boss anerkennt, machen Grund-ausbildung und Gehor-samstraining Sinn.

Ein Hund lernt besonders leicht und schnell, wenn er zum Mitmachen motiviert wird und nach jeder erfolg-reich bestandenen Aufgabe ausgiebig gelobt wird. Dann und wann gibt's auch mal einen kleinen Leckerbissen.

Wer seine Lektionen gelernt hat, kennt die Regeln – an der Leine, gegenüber frem-den Menschen und bei der Begegnung mit Artgenossen. Der Hund weiß immer, was von ihm erwartet wird, auch ohne ausdrücklichen Befehl.

TIPP
VOLL INS LEBEN

Soziale Kontakte sind das A und O für junge Hunde. Schon vor dem 4. Lebensmonat sollten sie möglichst viele Menschen, Artgenossen und andere Tiere ken-nen lernen. Eine frühe Sozialisation verhindert zuverlässig spätere Verhaltensprobleme. Der ideale Ort für aufre-gende Begegnungen ist die Welpenschule.

und streicheln. Ab und zu gibt es auch einen kleinen Leckerbissen. Ein Spielchen zwischendurch bringt beiden Seiten Spaß und stärkt die Motivation. Die erfolgreiche Hundeerziehung basiert auf positiver Verstärkung: Jeder Hund will dem Rudelchef gefallen und ist stolz, wenn er etwas richtig macht und dafür gelobt wird. Nur mit Worten („Pfui!", „Aus!") tadeln, nie mit Schlägen.

Bei erwachsenen Hunden sind Erfahrung und Geduld nötig, um Verhaltensdefizite auszugleichen, speziell dann, wenn diese Verhaltensweisen schon lange bestehen. Oft müssen diese Hunde noch einmal zur Grundschule gehen, um die fehlende Ausbildung nachzuholen. Auch hier gilt selbst bei anfangs unbelehrbaren Zöglingen: Streicheln und Loben bewirken Wunder.

13

Das **Einmaleins** der **Rassenamen**

Mehr als 300 Hunderassen sind von der FCI, dem Welthundeverband, offiziell anerkannt (→ Adressen, Seite 47). Ihre Zucht unterliegt festen Regeln. Abstammungsurkunde und „Personalausweis" eines Rassehundes ist die Ahnentafel, die ihn ein Leben lang begleitet. Neben Rasse, Geschlecht, Wurftag, Farbe, Zuchtbuchnummer und den Ahnen der Vorgenerationen werden hier Name und Zwingername aufgeführt. Der Zwingername ist der Zuname des Hundes. Beantragt wird er beim Rassezuchtverein. Der Verein erteilt den Zwingernamenschutz und stellt sicher, dass der Name kein zweites Mal vergeben wird. Über den Verband für das Deutsche Hundewesen VDH (→ Adressen, Seite 47) kann der Zwingername bei der FCI auch international geschützt werden. Mit der von der Zuchtbuchstelle seines Vereins beglaubigten Ahnentafel erklärt der Züchter, dass er die strengen Zucht- und Wurfauflagen einhält. Der Rassename dokumentiert so gleichsam, dass ein solcher Welpe gesund ist, nicht aus einer Massenproduktion stammt und mit größter Sorgfalt aufgezogen wurde. Achten Sie beim Kauf eines Rassehundes stets auch darauf, dass der Hundeclub Ihrer Wahl dem VDH angeschlossen ist. Von Bedeutung sind die Zuchtpapiere und der Zwingername für Ausstellungen und wenn man selbst mit seinen Hunden züchten will.

Im Hundealltag jedoch begnügt sich auch „Maximilian aus dem kahlen Grund" mit einem praxisgerechten Rufnamen. Da Rassenachwuchs in der Regel mit zwei bis drei Monaten abgegeben wird, bereitet die Gewöhnung an den neuen Namen keine Probleme. Jetzt ist der Junghund in einer Lernphase, wo er neugierig auf alles ist.

Das **Recht** auf den vertrauten **Namen**

Beim erwachsenen Hund sollten Sie keine Experimente starten und den gewohnten Rufnamen beibehalten. Das erleichtert die Eingewöhnung. Nur in seltenen Fällen ist ein Namenswechsel sinnvoll: etwa wenn Hund Bruno und Opa Bruno unter einem Dach leben oder der Name peinliche Reaktionen auslöst. Wählen Sie dann einen Namen, der dem alten ähnlich ist.

Die Sterne lügen nicht

DAS HUNDE-HOROSKOP

▶ WIDDER
21. März – 20. April
Widder-Hunde sind ganze Kerle: mutig, unabhängig, temperamentvoll. Brauchen unbedingt einen Chef, der ihnen sagt, wo es langgeht.

▶ STIER
21. April – 20. Mai
Unerschütterlich, vielleicht ein bisschen phlegmatisch. Treu bis zur Ewigkeit und best friend mit den Kids.

▶ ZWILLINGE
21. Mai – 21. Juni
Charmant und lebhaft sowie für jeden Spaß zu haben. Die Zwillinge unter den Hunden sind nicht auf den Kopf gefallen.

▶ KREBS
22. Juni – 22. Juli
Der geborene Zuhörer, treu, verschmust, aber Mimose. Gehorsam? Von Zeit zu Zeit.

▶ LÖWE
23. Juli – 23. August
Er ist der King und duldet keine Nebenbuhler. Der Löwe-Hund ist der beste Freund für alle Zeiten.

▶ JUNGFRAU
24. August – 23. September
Liebenswert, zurückhaltend, oft fast schüchtern. Perfekter Partner für Singles, weniger geeignet für lärmende Kinder.

▶ WAAGE
24. September – 23. Oktober
Umgänglich, gesellig und tolerant. Schätzt die Vorzüge eines bequemen Lebens und weiß, wie man es macht.

▶ SKORPION
24. Oktober – 22. November
Eigenwillig bis egozentrisch, dünnhäutig. Paraderolle: die beleidigte Leberwurst. Mit Skorpion-Hunden wird es garantiert nie langweilig.

▶ SCHÜTZE
23. November – 21. Dezember
Sportlich-fit bis hyperaktiv, liebt Trubel und Abenteuer. Der Hund für alle Fälle, der überall dabei sein will.

▶ STEINBOCK
22. Dezember – 20. Januar
Beständig und loyal, kann auch reserviert sein und auf stur schalten. Eher Einzelgänger als Partylöwe.

▶ WASSERMANN
21. Januar – 19. Februar
Von Zeit zu Zeit reitet den Wassermann-Hund der Teufel. Aber sonst ist er ein Schatz, gesellig und lieb.

▶ FISCHE
20. Februar – 20. März
Verspielt, verschmust und eine sonnige Frohnatur. Kommt mit seiner positiven Lebenseinstellung immer und überall über die Runden.

Die passenden Charaktertypen zum Horoskop finden Sie auf den Seiten 8 und 9.

Das Namens-
Trainingsprogramm

HUNDEERZIEHUNG FÄNGT BEIM NAMEN AN

**Der Name eines Hundes sorgt für Aufmerksamkeit und Zu-
wendung, mit ihm verknüpft man Befehle, Lob und Tadel.
Beginnen Sie mit dem Namens-Training, sobald Ihr Hund
ins Haus kommt. Erst wenn er zuverlässig auf seinen
Namen hört, macht auch die Grunderziehung Sinn.**

Liebt Ihr
Hund seinen
Namen?

Nur was Spaß macht und
gut tut, machen wir gern.
Für Jobs, mit denen wir
Negatives assoziieren, haben
wir kein Ohr. Warum soll's
Hunden anders gehen? Sie
sind Weltmeister im Weg-
und Überhören, wenn es
nach Schelte und bösen

„Daisy, komm her!" Der vertraute Rufname sorgt dafür, dass der Hund sich angesprochen fühlt und auf Ihr Kommando auch reagiert. Mit spielerischen Übungen macht das Training dem Welpen besonderen Spaß.

Der Klang Ihrer Stimme ist für den Hund wichtiger als die Bedeutung des Befehls. Loben Sie ihn mit zärtlichen Worten, wenn er auf seinen Namen hört und zu Ihnen kommt. Ihr Lob ist für ihn eine wichtige Auszeichnung.

Checkliste

✔ Ihr Hund muss freudig auf seinen Namen reagieren. Verknüpfen Sie das Namens-Training speziell beim jungen Hund mit Lob oder Leckerbissen.

✔ Kurze, ein- oder zwei-silbige Namen lernt ein Hund besonders leicht.

✔ Verwenden Sie nur einen Rufnamen. Das gilt für alle, die mit dem Hund Umgang haben.

✔ Ihr Hund hat ein super-feines Gehör und erkennt am Klang Ihrer Stimme, was Sie von ihm wollen. Der Wortinhalt ist für ihn ohne Bedeutung.

✔ Sprechen Sie mit ruhiger, gedämpfter Stimme. Schreien verschreckt ihn nur. Fehlverhalten mit scharf gesprochenen Worten tadeln.

✔ Rufen Sie ihn immer bewusst und nicht ohne Grund beim Namen.

Worten riecht. Der Name ist die entscheidende Basis für Harmonie und Zuwendung. Speziell in der Lernphase sollte Ihr Hund nur angenehme Situationen mit dem Rufen seines Namens verbinden. Zeigen Sie ihm dabei einen Leckerbissen und sprechen Sie ihn auch wiederholt mit Namen an, während Sie ihn streicheln. Verknüpfen Sie Lob und Namen: „Guter Moritz!",

„Brav, Moritz!" Bei Hunden, die sich schnell ablenken lassen, hilft die Leine. Ein leichter Ruck an der Leine sorgt für Aufmerksamkeit. Sobald er Sie anschaut, mit Namen und Leckerbissen locken. Reagiert er nicht, Übung wiederholen, ihn aber nie an der Leine heranziehen. Namens-Training zuerst in ruhiger Umgebung, später auch in Situationen mit Ablenkung.

Die schönsten
Hundenamen
von A bis Z

Die 1000 schönsten Hundenamen bieten Ihnen eine bunte und abwechslungsreiche Mischung extravaganter und edler, aktueller und traditioneller, exotischer und witziger Namen – getrennt für Rüden und Hündinnen. Der Traumname für Ihren Liebling ist garantiert dabei.

Gestatten,
ich heiße ...

Der kleine Herzensbrecher braucht einen Namen. Charakter und Persönlichkeit soll er zum Ausdruck bringen, melodisch klingen soll er, und alltagsgerecht muss er natürlich sein. Gar nicht so einfach, sich für einen Hundenamen zu entscheiden, mit dem man dann viele Jahre leben und glücklich sein soll. Praxistauglichkeit, Häufigkeit, Klang und Originalität haben die Auswahl der 1000 schönsten Hundenamen in diesem Ratgeber bestimmt. Die meisten Namen sind ein- oder zweisilbig, längere oder gar aus mehreren Wörtern bestehende Hundenamen werden in der Alltagspraxis kaum verwendet. Der allgemeine Trend zu englischen und amerikanischen Bezeichnungen in unserer Sprache spiegelt sich auch in den Hundenamen wider. Nicht ohne Grund: Die Namen sind meist kurz und lautsprachlich besonders reizvoll. In Extra-Listen finden Sie die schönsten Hundenamen der Literatur, die beliebtesten Namen für Pärchen und Partner, die berühmtesten Filmhunde und viele mehr. Besonderen Lesespaß garantieren die witzigen und ungewöhnlichen Geschichten mitten aus dem prallen Hundeleben.

Die schönsten Namen für Rüden

Abraxas *Mythologie: Herr der Welt, Mensch-Tier-Wesen.*
Achaz *Klassischer Hundename, vor allem für Schäferhunde.*
Achill → *Machos und Maestros, Seite 31*
Adam *Hebräisch: Mensch aus Erde. Unverändert zeitgemäß und beliebt.*
Adi *Kurz für Adrian. Zeitlos.*
Admiral *Meist englisch betont. Für Hunde, die über den Dingen stehen (z. B. Bassets).*
Ado *Friesisches Kurzwort.*
Adonis *Gott der Schönheit, Geliebter der Aphrodite.*
Afro *Kurz für Afrolook. Vor allem für Hunde mit schwarzem und gelocktem Fell.*
Ajax → *Klassischste Namen der Sagenwelt, Seite 34*
Al *Kurz für Adalbert, meist englisch betont. Oft auch als Kombination: z. B. Al Capone.*
Aladin → *Märchen und Fabel, Seite 27*
Albert *Vom Althochdeutschen Alberich. Abk. Bert, Abel, Al.*
Albin *Von lateinisch albus für weiß. Interessanter und extravaganter Hundename.*
Alex *Kurz für Alexander: der Verteidiger. Zeitlos und beliebt.*

Die schönsten Namen der Weltliteratur

Alice: Traumreise durchs Wunderland, Camillo: nach dem Schelmenroman des Giovanni Guareschi, Stella: klassisches Drama von Goethe, Quichotte: Ritter von der traurigen Gestalt, Tarzan: Edgar Rice Burroughs' Herr des Dschungels, Sindbad: als Seefahrer in 1001 Nacht, Ronja: Astrid Lindgrens „Ronja Räubertochter", Hamlet: Shakespeares tragischer Prinz von Dänemark.

Alf *Nordisch, Kosename: Alfi. Aktuell durch amerikanische Fernsehserie „Alf".*
Ali → *Märchen und Fabel, Seite 27*
Alois *Altdeutsch; weise, klug. Abk. Lois. Überwiegend in Süddeutschland zu hören.*
Alpha → *Machos und Maestros, Seite 31*
Alwin *Althochdeutsch, leicht angestaubt, aber reizvoll.*
Amadeus *Lateinisch: der liebe Gott. Interessant auch Amadeo.*
Amaretto *Süßer italienischer Mandellikör. Schöner Klang.*

Ambros *Vom griechischen Ambrosius: göttlich. Ein Name für große und starke Hunde.*
Amigo *Spanisch für Freund und Wegbegleiter.*
Amor *Römischer Gott der Liebe.*
Anatol *Griechisch, ein seltener, aber ausdrucksstarker Name.*
Andi *Von griechisch Andreas: der Tapfere. Englisch: Andrew.*
Angel *Englisch für Engel. Auf Italienisch Angelo; schöner Klang.*
Anton *Pünktchen und Anton* → *Freunde und Kumpel, S. 32*
Apoll → *Prinzen und Prinzessinnen, Seite 22*

Archie *Moderne Kurzform des englischen Archibald.*
Ares *Kriegsgott in der griechischen Mythologie. Heute ein eher selten gebrauchter Name.*
Argo *Griechisch für schnell.*
Ari *Kurzwort für Aristid und den Philosophen Aristoteles.*
Arko → *Top Ten für Rüden, Seite 26*
Arnie *Weltweit beliebt, auch Kosename von Arno, Arnold.*
Arno *Bedeutung: Adler, verwandt mit Arnold, Arne, Nolte.*
Arthur *Englischer Ursprung, heute global. Kurzwort: Art. Wirkt dezent und vornehm.*
Artus *Englische Sagenwelt: König Artus' Tafelrunde.*
Ashley *Perfekt für britische Rassen wie Basset und Beagle.*
Asko *Nordisch. Namen mit „As" weisen auf Göttliches hin.*
Asterix *Von Uderzo gezeichneter Held der Comic-Abenteuer von Asterix und Obelix.*
Astor *Klassischer Hundename.*
Atlas *Griechische Sage: Atlas trägt das Himmelsgewölbe auf seinen Schultern.*

Attila → *Machos und Maestros, Seite 31*
Atze *Umgangssprachlich für Arthur: zeitgemäß und lässig.*
August *Vom Lateinischen: der Erhabene. Abgeleitet ist Justus.*
Avery *Altenglisch für stark und mächtig. Bei uns selten.*
Axel *Aus dem Hebräischen abgeleitet. Schon lange ganz oben auf der Beliebtheitsskala.*

Badger *Englisch für Dachs, in der Umgangssprache wird auch ein Rothaariger so bezeichnet.*
Baldo *Von Baldur, dem germanischen Gott des Lichts.*
Balthasar *Hebräisch. Rufname meist kurz Baldus oder Balte.*
Balu → *Schmusetiger und Couch Potatoes, Seite 41*
Bär *Steht für Größe und Kraft. Verwandt mit Bernhard und Bernd. Kosename: Bärchen.*
Barbarossa → *Prinzen und Prinzessinnen, Seite 22*
Barnabas *Rufname meist verkürzt zu Barnie, Barny, Basko.*
Baron *Adelstitel, wird fast immer englisch ausgesprochen.*
Basil *Ursprünglich griechisch: König, wirkt edel und dezent.*
Basko *Klassischer Hundename.*
Bastian *Kurz für Sebastian. Oft auch Basti. Liegt im Trend.*
Baxter *Alt und echt englisch.*

HUNDE, DIE MAN NICHT VERGISST

Barry Ur-Bernhardiner, soll 40 Menschen aus Bergnot gerettet haben, **Argos** wartete 20 Jahre auf die Heimkehr von Odysseus, **Balto** Schlittenhund mit lebensrettendem Serum für Nome in Alaska, **Krambambuli** treuer Jagdhund, dem Marie von Ebner-Eschenbach ein literarisches Denkmal setzte, **Rin Tin Tin** Schäferhund und tierischer Mega-Star in der Frühzeit des Films, **Der Hund von Baskerville** schwarzes Monster im bekanntesten Holmes-Krimi.

Beethoven → *Film und Fernsehen, Seite 24*

Bel ami *Französisch: schöner Freund. Meist für Kleinhunde.*

Bello *Klassischer geht's nicht.*

Ben *Kurz von Benjamin und Benedikt. Lässig und modern.*

Benito *Italienisch-spanisch: Sohn des Glücks. Eher selten.*

Benji → *Film und Fernsehen, Seite 24*

Benno *Dauerbrenner. Passt problemlos für jeden Rüden.*

Benny → *Top Ten, Seite 26*

Bentley *Britische Automarke. Klingt nach uraltem Adel.*

Beppo *Von Berthold. Vor allem bei Dackeln geschätzt.*

Bernie *Koseform des althochdeutschen Bernhard, der Bär.*

Bertram *Klassisch und zeitlos, aber trotzdem nicht zu häufig.*

Big *Englisch für groß. Meist als Big Boy, Big Bear, Big Daddy.*

Billy *Kosename des englischen William. Oft verkürzt zu Bill.*

Bingo *Englisches Glücksspiel. Auch als Ausruf: „Bingo!"*

Bismarck *Gründer und Kanzler des Deutschen Reiches.*

Blacky *Englisch black: schwarz. Für Hunde mit dunklem Fell.*

Blasius *Klassisch. Der typische Name für den Dackel.*

Blitz *Heute selten, früher besonders beim Schäferhund.*

Bo *Nordisch: der Sesshafte. Wirkt frisch und modern.*

Bob *Englisch kurz für Robert, aber längst eigenständig.*

Bobby *Koseform von Robert. Umgangssprache: Bezeichnung des englischen Polizisten.*

Bodo *Norddeutsch: Bote. Als Hundename nur vereinzelt.*

Bogart *Für Fans des unsterblichen Humphrey Bogart.*

Bongo *Kleine afrikanische Trommeln.*

Bonzo → *Comic und Cartoon, Seite 29*

Boogie *Vom Rhythmus geprägte Musik auf Blues-Basis.*

Boomer *Abgeleitet von Boomerang: der zurückkommt.*

Boots *Englisch für Stiefel.*

Bootsmann *Bernhardiner im Kinderbuch „Ferien auf Saltkrokan" von Astrid Lindgren.*

Borax *Griechische Sage: einer der Hunde, die Aktaeon auf der Jagd begleiten.*

Boris *Kurzwort für slawisch Borislaw. Heute international.*

Bosco *Italienisch, auch Don Bosco (Heiliger).*

Boss *Englisch-amerikanisch für Chef. Weltweit benutzt.*

Bourbon *Amerikanische Whiskeysorte, auch französisches Adelsgeschlecht der Bourbonen.*

Boy *Englisch für Junge, auch ein männlicher Vorname.*

Brandy *Englische Bezeichnung für Weinbrand. Meist für Hunde mit braunem Fell.*

Branko *Slawisch. Steht für Ruhm, Ehre. Verwandt: Arno.*

Brian *Englisch-amerikanisch. Wird zunehmend beliebter.*

Bruce *Englisch. Unkompliziert, wirkt stark und männlich.*

Bruno *Althochdeutsch: der Bär. Nur noch sporadisch gebraucht.*

Bubi *Koseform von Bub: urspr. aus der Sprache der Kleinkinder.*

Buddy → *Babyboomer und Muttis Lieblinge, Seite 36*

Bugsy *Spitzname, auch Musical „Bugsy Malone", Film „Bugsy".*

Butz *„Der Pudel des Philosophen", Seite 28.*

Die schönsten Namen für Prinzen und Prinzessinnen

Sissi: Kaiserin von Österreich, Apoll: Gott des Lichts, der Dichtung und Musik, Soraya: persische Kaiserin, Duke: englischer Herzog, Barbarossa: Rotbart als Beiname Kaiser Friedrichs, Leda: Geliebte des Zeus, Anastasia: die Tochter des letzten Zaren, Hermes: der Götterbote in der griechischen Mythologie.

Calvin *Moderner amerikanischer Vorname, abgeleitet vom Religionsreformator Calvin.*

Calypso *Südamerikanischer Tanz im Rumba-Rhythmus.*

Camillo → *Weltliteratur, S. 20*

LORD BYRONS BOATSWAIN

Auf dem Grabstein seines Neufundländers Boatswain dankt ihm der Dichter Lord Byron für seine Treue: Hier ruhen die Gebeine von einem, der Schönheit besaß ohne Eitelkeit, Stärke ohne Übermut, Mut ohne Wildheit und alle Tugenden des Menschen ohne seine Laster. Dies Lob, unpassende Schmeichelei wär's, über menschliche Asche geschrieben; nur ein gerechter Tribut ist es zum Andenken an Boatswain, einen Hund, der geboren war auf Neufundland im Mai 1803 und starb zu Newstead Abbey am 18. November 1808.

Candy *Englisch für Süßigkeit.*
Capellari *Titelfigur der TV-Krimiserie „Die Verbrechen des Professor Capellari".*
Carlo *Vom mittelhochdeutschen Karl, abgeleitet Carlos, Carol.*
Caro → *Schmusetiger und Couch Potatoes, Seite 41*
Caruso → *Malerei und Musik, Seite 43*
Casanova *Italienischer Abenteurer und Frauenheld.*
Cäsar *Cäsar und Cleopatra →Pärchen und Partner, Seite 33*
Cassius *Name eines römischen Staatsmanns, auch Vorname: Boxer Cassius Clay.*
Castor *Castor und Pollux →Freunde und Kumpel, Seite 32*
Cecil *Englisch, vom lateinischen Caecilius: ein reizvoller und ausgefallener Hundename.*

Cedric *Keltischer Name, vornehm und nicht alltäglich.*
Champ *Englisch kurz für Champion: Meister im Sport, heute allgemeiner gebraucht.*
Chaparral *Nordamerikanische Landschaft. Klingt dynamisch.*
Charlie → *Top Ten für Rüden, Seite 26*
Che *Kurzname für den südamerikanischen Revolutionär und Politiker Ernesto Guevara.*

Checkers *Cockerspaniel des späteren amerikanischen Präsidenten Richard Nixon.*
Cherokee *Indianerstamm aus der Sprachfamilie der Irokesen.*
Chester *Altenglischer Name, bei uns relativ unbekannt.*
Chico *Aus dem Spanischen, attraktiver und beliebter Name.*
Chip *Bezeichnung aus der Computertechnik, kurz, prägnant und zeitgemäß.*
Chiras *Geht möglicherweise zurück auf Shiraz, die frühere Hauptstadt des Iran.*
Chopin *Polnischer Komponist und Pianist.*
Chris *Kurzwort von Christian: in vielen Ländern verbreitet.*
Churchill *Britischer Politiker und Premierminister.*
Cicero *Römischer Staatsmann, Redner und Philosoph.*
Cid *Vom spanischen Ritter und Nationalhelden El Cid.*
Cliff *Englisches Kurzwort für Clifford, wird heute als selbstständiger Name gebraucht.*
Clyde *Bonnie und Clyde →Hunde mit Köpfchen, Seite 40*
Colin *Englischer Name mit passender Bedeutung: Welpe.*
Colorado *US-Bundesstaat in den Rocky Mountains.*
Columbo *Titelheld der gleichnamigen amerik. Krimiserie.*
Cookie *Amerikanisch für Keks, auch als Kose- und Spitzname.*
Cooper *Nach dem Schauspieler Gary Cooper („12 Uhr mittags") und Romanschriftsteller James Fenimore Cooper („Der letzte Mohikaner").*

Cosmo *Von griechisch Cosmas. Eigenwillig und interessant.*
Cousteau *Französischer Meeresforscher, Autor und Dokumentarfilmer.*
Cromwell *Lordprotector von England.*
Curry *Rötliches Gewürz. Passt zu einem rotbraunen Fell.*
Curtis *Moderner englischer Vorname. Bei uns noch selten.*
Cyrill *Ursprünglich griechisch, passt nicht zu jedem Hund.*

Daddy → *Schmusetiger und Couch Potatoes, Seite 41*
Daffy *Daffy Duck heißt Walt Disneys leicht überdrehter schwarzer Comic-Enterich.*
Dago *Kurzform von Dagobert. Beliebt und unkompliziert.*
Dan *Kurzform des hebräischen Daniel. In vielen Ländern verbreitet. Passt universell.*
Dandy *Englisch: übertrieben modisch gekleideter Mann. Bei Hunden Kosewort ohne Bezug zur Ursprungsbedeutung.*
Danny → *Top Ten, Seite 26*
Dave *Englisch, vom biblischen David: der Vielgeliebte. Ein klassischer und zeitloser Name.*
Dennis *Englisch, ursprünglich lateinisch, vom Gott Dionysos abgeleitet. Genau richtig für den Lausbuben auf vier Beinen.*
Dick *Englischer Kurzname von Richard: der Kühne. Wird ebenso wie Rick eigenständig gebraucht. Koseform: Dicky.*
Dingo *Australischer Wildhund. Passt am besten zu schlanken und lauffreudigen Rassen.*

Die berühmtesten Namen aus Film und Fernsehen

Lassie: berühmteste Collie-Hündin aller Zeiten, Benji: witzige Promenadenmischung in „Benji auf heißer Fährte", Susi und Strolch: Disneys Liebespaar (im Original: „Lady and the Tramp"), Huutsch: sabbernde Bordeauxdogge in „Scott und Huutsch", Beethoven: Bernhardiner in „Ein Hund namens Beethoven", Rex: Schäferhund und Deutschlands Top-TV-Kommissar.

Dino *Italienischer Vorname, auch kurz für Dinosaurier.*
Dixie *Umgangssprachlich für den Süden der USA, auch kurz für den Dixieland (Jazzform).*
Django *Vorname des franz. Gitarristen Django Reinhardt.*
Don *Keltisches Kurzwort für Donald und Donovan. Im Spanischen und Italienischen als höfliche Anrede für Herr.*
Donald → *Comic und Cartoon, Seite 29*
Drafi *Speziell für Nostalgiker: Vorname des Pop-Urgesteins Drafi Deutscher.*
Dschingis → *Piraten und Abenteurer, Seite 25*
Duke → *Prinzen und Prinzessinnen, Seite 22*
Dustin *Englisch: der Tapfere. Im englischen Sprachraum beliebt, bei uns eher selten.*
Dvorak *Tschechischer Komponist. Ein extravaganter Name mit besonderem Klang.*

Dylan *Eigenname des Sängers und Songwriters Bob Dylan.*

Earl *Englische Bezeichnung für den Adelstitel Graf.*
Ed *Kurzwort für Eduard und Edgar. Als Kosename: Edu.*
Eddie *Kurz- und Koseform von Edgar. Auch Ed.*
Eggo *Kurzform des althochdeutschen Egbert. In friesischer Schreibweise: Ekko.*
Einstein → *Hunde mit Köpfchen, Seite 40*
Elroy *Englisch-spanisch. Selten und extravagant.*
Elton *Im Englischen häufig. Modern und unkompliziert.*
Elvis → *Malerei und Musik, Seite 43*
Enzo *Italienischer Vorname: Enzo Ferrari, Produzent exklusiver Sport- und Rennwagen.*
Eric *Englische Schreibweise des ursprünglich nordischen Erich. Ein weit verbreiteter Name.*

Etzel *Ein anderer Name für den Hunnenkönig Attila →* Machos *und Maestros, Seite 31*

Fabio *Italienische Schreibweise von Fabian.*
Falko *Vom altdeutschen Falk für Falke. Heute seltener.*
Felix *Lateinisch: der Glückliche. Ein Name für jede Rasse.*
Ferdl *→ Schmusetiger und Couch Potatoes, Seite 41*
Fernando *Italienisch für Ferdinand. Schöner Wortklang.*
Fido *Kurz für Fidelio. Vom lateinischen fides für Treue und Vertrauen. „Fidelio": Oper von Ludwig van Beethoven.*
Fiete *Kurzwort für Friedrich. Fast nur in Norddeutschland.*
Fiffi *Nach wie vor speziell für Kleinhunde beliebt.*
Figaro *→ Malerei und Musik, Seite 43. Scherzhaft aber auch für Friseur.*
Filius *Lateinisch für Sohn.*
Finn *Nordisch, knapp und klar. Passt vor allem zu großen und selbstbewussten Rüden.*
Fips *Frei nach „Fipps dem Affen" von Wilhelm Busch.*

Flambeau *Freund von Pater Brown in G. K. Chestertons Detektivgeschichten.*
Flipper *Wurde durch gleichnamige US-Fernsehserie zum Synonym für Delphin. Auch Bezeichnung für Spielautomat.*
Floh *→ Babyboomer und Muttis Lieblinge, Seite 36*
Flynn *Irisch. Ungewöhnlich, bei uns nur selten zu hören.*
Foxi *Von englisch fox für Fuchs. Als Koseform auch Foxl.*
Francis *Eigenständige englische Kurzform von Franziskus.*
Franko *Ursprünglich althochdeutsch. Heute weniger gefragt.*

Freddy *Von Fred bzw. Alfred. Beliebt, wirkt leicht und locker.*
Freitag *Passender Paarname zu Robinson →* Piraten *und* Abenteurer, *unten*
Friedmann *Althochdeutsch. Witzig und erste Wahl bei ausgefallenen Dackelnamen.*
Frisco *Kurz für San Francisco. Oft auch als Kombination bei Spitznamen wie Frisco Kid.*
Fritz *Kurzform von Friedrich. Beim Hund originell.*

Gandhi *Indischer Staatsmann.*
Geoffrey *Englisch, ursprünglich althochdeutsch Gottfried.*
George *Englisch, modern und unkompliziert. Auch Georgie.*
Gero *Einfach und erfrischend.*
Geronimo *→ Piraten und Abenteurer, unten*
Gershwin *Amerikanischer Komponist, Dirigent und Pianist: Oper „Porgy and Bess".*
Gino *Italienischer Vorname. Für Pärchen: Gino und Grace.*
Gipsy *→ Piraten und Abenteurer, unten*
Glen *Englisch-irisch. Einfach, aber interessant.*

Die schönsten Namen für Piraten und Abenteurer

Robinson: reif für die Insel mit Daniel Defoes „Robinson Crusoe", **Vasco:** mit Vasco da Gama auf dem Weg nach Indien, **Geronimo:** berühmt-berüchtigter Häuptling vom Stamm der Apachen, **Dschingis:** die Welt erobern wie einst der Mongolenherrscher, **Mata Hari:** gefährliche Spionin mit geheimnisvollem Namen, **Gipsy** (englisch): ein Zigeuner braucht den weiten Himmel.

Goofy *Comic-Hund: tolpatschiger, aber sympathischer Freund von Micky Maus.*
Gordon *Alter englischer Name, immer noch zeitgemäß.*
Götz *Traditioneller Hundename, heute seltener.*
Greif *Einer der klassischsten Hundenamen, mittlerweile aber aus der Mode gekommen.*
Gringo *Bezeichnung für einen Fremden.*
Groucho *Einer der Marx Brothers (amerikan. Komiker).*
Guido *Italienisch, zeitgemäß.*
Gus *Eigenständige Abkürzung des schwedischen Gustav.*
Gustel *Männlicher und weiblicher Kosename von Gustav.*

Hajo *Kurzwort aus Hans und Joachim. Locker und frisch.*
Hamlet → *Weltliteratur, S. 20*
Hank *Amerikanisch, bei uns selten. Eng verwandt mit Hektor.*
Hannes *Nach wie vor beliebte Kurzform von Johannes.*
Hannibal → *Machos und Maestros, Seite 31*
Hänsel *Nach „Hänsel und Gretel", Märchen der Gebrüder Grimm* → *Märchen und Fabel, Seite 27*

Hardy *Ursprünglich althochdeutsch, pfiffig und angesagt.*
Harpo *Harpo Marx von den Marx Brothers. Siehe auch: Groucho und Chico.*
Harras *Einer der klassischsten Hundenamen.*
Harro *Vom englischen Harold. Ein ewig junger Dauerbrenner.*
Hassan *Ursprünglich arabisch, heute aber international.*
Hasso → *Top Ten für Rüden, unten*
Heiko *Abgeleitet von Heinrich, aber eigenständig und meist im Norden gebraucht.*
Heiner *Althochdeutsch. Nach wie vor reizvoll und originell.*
Heinz *Kurz für Heinrich. Ein Hundename mit Charakter.*
Hektor *Ein alter Hundename mit Tradition ähnlich wie Hasso.*
Henry *Zeitgemäße Kurzform von Heinrich. Passt immer.*

Herkules *Supermann der griechisch-römischen Sagenwelt. Ein Name, der nach imposanter Erscheinung verlangt.*
Hermes → *Prinzen und Prinzessinnen, Seite 22*
Hitch → *Berühmte Frauen und Männer, Seite 44*
Holger *Skandinavisch, aber schon lange bei uns verbreitet.*
Holmes *Holmes und Watson* → *Freunde und Kumpel, S. 32*
Homer *Griechischer Dichter, Hauptwerk „Die Ilias".*
Huck *Kurz für Huckleberry. Romanfigur von Mark Twain.*
Hugo *Einfach und zeitlos.*
Humphrey *Englisch, voll im Trend. Kurzform: Fred, Freddy.*
Hurricane *Englisch: Sturm, Orkan. Passt am besten zu einem Afghanen oder Barsoi.*
Huutsch → *Film und Fernsehen, Seite 24*

DIE TOP TEN FÜR RÜDEN

Arko praktisch klassisch gut, **Benny** charmant und zeitlos von Benjamin und Benito, **Charlie** voll im Trend und schön im Klang, **Danny** für Große und Kleine, Schlanke und Dicke, **Hasso** Edelklassiker und fast schon Synonym für Hund, **Max** kurz und knackig von Maximilian, **Robby** Robert zärtlich, **Sammy** seit Jahrzehnten Spitze, **Teddy** für große Schmuser, **Timmy** erste Wahl für flotte Winzlinge.

Die bezauberndsten **Namen** aus **Märchen** und **Fabel**

Aladin: nur echt mit Wunderlampe in den Erzählungen von 1001 Nacht, Cinderella: das verzaubernde Märchen vom Aschenbrödel, Gretel: bei den Brüdern Grimm nie ohne ihren Hänsel, Ali: ein gewisser Baba und die 40 Räuber, Wendy: die freche Fee im Märchen von Peter Pan, Muck: der gute kleine Mann von Wilhelm Hauff, Momo: Michael Endes liebenswerte Romanfigur.

Idefix *Comic-Hundezwerg und Begleiter von Obelix.*
Igor *Russisch, heute weltweit. Ganz oben auf der Bestenliste.*
Ike *Friesisch und selten. Auch englische Koseform von Isaac.*
Ingo *Unkompliziert, fröhlich.*
Ivan *Russischer Name, schon lange auch bei uns beliebt.*
Ivanhoe *Strahlend-junger Held in Sir Walter Scotts Ritterepos.*

Jacky *Englischer Kosename für John, Jakob. Sehr beliebt.*
Jacques *Französisch, von hebräisch Jakob. Ungewöhnlich.*
Jason *Griechisch: der Heilende. Einfach, aber sehr reizvoll.*
Jasper *Englisch für Kaspar.*
Jeff *Englisch kurz für Jeffrey, von althochdeutsch Gottfried.*
Jeremy *Englisch, auf Deutsch Jeremias. Biblischer Ursprung.*
Jerry *Von Jeremy. Schäferhund Jerry Lee im Film „Mein Partner mit der kalten Schnauze".*

Jesse *Amerikanisch kurz für Jeremy. Extravagant.*
Jethro *Von der britischen Kult-Rockgruppe Jethro Tull.*
Jim *Englisch, international gebraucht. Kosenamen: Jimmy und Jimbo.*
Joe *Englisch für Josef. Modern und weltweit beliebt.*
Johnny *Kosewort für John und Johannes.*
Joker *Englisch für Spaßvogel, aber auch spezielle Spielkarte mit beliebigem Wert.*
Jolly *Englisch für lustig.*
Joschka *Abk. von Josef.*
Julio *Vom traditionellen lateinischen Julius.*
Jumbo *Englisch für Mordskerl. Auch Jumbojet als Spitzname für ein Großraumflugzeug.*
Jumper *Englisch für Springer. Superpferd Jolly Jumper in den „Lucky Luke"-Comics.*
Junior *Für Sohn, Youngster. Meist in englischer Aussprache.*

Kafka *Österreichischer Autor.*
Kalle → *Hunde mit Köpfchen, S. 40. Auch als norddeutsche Kurzform für Karl.*
Karli *Kosename von Karl.*
Kasimir *Slawisch, ungewöhnlich, aber nicht ohne Reiz.*
Kaspar *Klassischer Name, heute aber eher selten.*
Ken *Kurz von englisch Kenneth und Kelvin. Kosename: Kenny.*
Kevin *Englisch und trendy.*
Kid *Kind, junger Mann: amerikanische Umgangssprache.*
Kilroy *„Kilroy was here!": Kult-Graffito der 60er Jahre.*
Kim *Nordisch, knapp und klar.*
King *Englisch für König. Passt zu imposanten Hunden.*
Kiwi *Kleiner neuseeländischer Laufvogel. Originell.*
Knorke *Berlinerisch für toll.*
Knuddel *Kosewort, abgeleitet von knuddeln für umarmen.*
Kojak *Titelfigur einer amerikanischen Krimiserie.*
Kolumbus *Entdecker Amerikas.*
Kronos → *Klassischste Namen der Sagenwelt, Seite 34*
Kuno *Von Konrad: auf der Beliebtheitsskala weit vorn.*
Kyros *Persischer König.*

Lago *Italienisch für See. Ein klangvoller Name.*
Lajos *Vom alten deutschen Namen Ludwig.*
Lancelot *Englische Sagenwelt: ein Ritter der Tafelrunde.*
Larry *Moderner Name, locker und angenehm im Klang.*
Laslo *Aus dem Slawischen, attraktiv und relativ neu.*

DER PUDEL DES PHILOSOPHEN

Ein Menschenfreund war Arthur Schopenhauer zeit seines Lebens nicht. Und so erklärte der große Denker auch freimütig, dass er jederzeit auf die Gesellschaft seiner Zeitgenossen verzichten könne, nie aber auf die eines Hundes. Von seinen Studientagen an begleiteten ihn Pudel. Der letzte in der Reihe hieß Butz. Er überlebte seinen Herrn. Im Testament stellte Schopenhauer sicher, dass Butz auch weiter versorgt und gepflegt wurde.

Latigo *Westernheld im gleichnamigen US-Kinofilm.*
Laurel *Laurel und Hardy, amerikanisches Komikerduo.*
Lazy *Englisch für träge. Passt zu bedächtigen Gesellen.*
Lee *Unkomplizierter und lässiger englischer Vorname.*
Lenny *Von Leonhard.*
Leo *Lateinisch: der Löwe.*
Leonce *Leonce und Lena → Pärchen und Partner, S. 33*
Lester *Charmanter und schön klingender englischer Name.*
Lion *Verwandt mit Leon. Einfach, aber mit Pfiff.*
Little Joe *Darsteller in der Western-Serie „Bonanza".*
Lloyd *Englischer Vorname: US-Architekt Frank Lloyd White.*
Lobo *Eigenwillig und modern, auch Stadt in Texas.*
Loki *Gott des Feuers in der nordischen Sage.*

Lord *Englisch: Herr, Gebieter.*
Lu *Abk. von Lukas und Ludwig.*
Lucky *→ Comic und Cartoon, Seite 29*
Lukas *Biblischer Name. Ganz oben auf der Beliebtheitsskala.*
Lumpi *Typischer Dackelname, heute allerdings seltener.*
Lutz *Einfach und schnörkellos.*
Lux *Lateinisch: Licht. Früher speziell bei Schäferhunden.*

Macbeth *Schottischer König, Tragödie von Shakespeare.*
Magic *Englisch: magisch.*
Magnum *US-Krimiserie.*
Malte *Dänisch. Vornehmlich in Norddeutschland beliebt.*
Marco *Vom lateinischen Markus: der Kriegerische.*
Mario *Italienisch, heute international gebraucht.*
Mars *→ Klassischste Namen der Sagenwelt, Seite 34*

Max *→ Top Ten, Seite 26*
Maximus *Aus dem Lateinischen: der Größte, Oberste.*
Mephisto *→ Machos und Maestros, Seite 31*
Merlin *→ Machos und Maestros, Seite 31*
Micky *Micky und Minni → Comic und Cartoon, Seite 29*
Mike *Englisch für Michael.*
Minimax *Kombination minimal und maximal. Originell.*
Mirko *Slawisch von Miroslaw. Als Hundename noch selten.*
Mischa *Kosewort für Michael.*
Mister *Englische Anrede. Oft auch als zusammengesetzter Name: z. B. Mr. Spock.*
Mitch *Englisch. Bei uns als Hundename nicht häufig.*
Moby *Nach „Moby Dick", Roman von Herman Melville.*
Mogli *→ Babyboomer und Muttis Lieblinge, Seite 36*
Molière *Franz. Dramatiker („Der eingebildete Kranke").*
Momo *→ Märchen und Fabel, Seite 27*
Mon ami *Kosename aus dem Französischen: mein Liebling.*
Monty *Kurzwort für Montague und Montgomery.*
Moppel *Kosename, meist für kleine und füllige Hunde.*
Moritz *Jenseits aller Trends seit langem gleich bleibend beliebt.*
Muck *→ Märchen und Fabel, Seite 27*
Muffin *Englisches Gebäck.*
Murmel *Häufiger Kosename bei Hunden (und Katzen).*
Murphy *Englisch, bei uns nur selten gebraucht.*

Napoleon → *Pärchen und Partner, Seite 33*
Nat → *Hunde mit Köpfchen, Seite 40*
Nelson *Englischer Vorname, kurz Ned. Auch Admiral Nelson.*
Nepomuk *Heiliger in Böhmen, aber auch alter Vorname.*
Neptun *Meeresgott in der römischen Mythologie.*
Nero → *Berühmte Frauen und Männer, Seite 44*
Nessie *Sagenhaftes Ungeheuer im schottischen Loch Ness.*
Nick *Kurz von Nikolaus, besonders beliebt: Niko.*
Nipper *Kleiner Terrier* → *„His Master's Voice", Seite 42*
Noah *Biblischer Ursprung: Noah überstand auf seiner Arche die Sintflut.*
Nobby *Koseform von Norbert.*
Norman *Englisch, ursprünglich althochdeutsch: Mann aus dem Norden. Originell und selten.*
Nugget *Englisch: Goldklumpen.*

Obelix *Asterix' vollschlanker Kumpel („Asterix und Obelix").*
Odin *Nordisch für Wotan, den höchsten germanischen Gott.*
Odysseus → *Klassischste Namen der Sagenwelt, Seite 34*
Olaf *Nordisch, aber seit langem bei uns beliebt.*
Olli *Koseform des ursprünglich englischen Oliver.*
Omar *Arabischer Eigenname.*
Omega *Letzter Buchstabe im griech. Alphabet. Passt zu Alpha.*
Onko *Friesisch-herb, reizvoll.*
Orson *George Orson Welles, US-Regisseur und Schauspieler.*

Oskar *Ein fröhlicher Name für fröhliche Hunde.*
Othello *Titelfigur im Drama von Shakespeare.*
Otto *Alter Name, der jedoch nie aus der Mode gekommen ist.*

Pablo *Spanisch für Paul. Vorname von Picasso.*
Paco *Spanisch, peppig-frisch.*
Paddy *Kosename des englischen Patrick.*
Pancho *Spanisch, bei uns ein eher seltener Name.*
Panther *Originell, passt aber nicht zu jedem Hund.*

Parsifal *Musikdrama von Richard Wagner. Parzival: ein Ritter der Artussage.*
Pascal *Franz. Mathematiker.*
Patrick *Englisch, ursprünglich lateinisch für Patrizier.*
Paul *Einfach, charaktervoll.*
Pedro *Spanisch für Peter.*
Pepe *Origineller Kosename.*
Pepper *Englisch für Pfeffer.*
Percy *Englisch von Parzival, mit aristokratischem Touch.*
Pete *Im Englischen gleichberechtigt neben Peter. Trendy.*
Peter *Klassisch, überall beliebt. Kurzformen: Piet, Peer, Piero.*

Die witzigsten Namen aus Comic und Cartoon

Bonzo: Comic-Hund und Namenspatron der Bonzo Dog Doo Dah Band, **Donald:** ein Enterich mit Namen Duck erobert die Welt, **Minni:** die Frau an der Seite von Micky Maus, **Lucky:** schneller als Mr. Luke zieht keiner im Wilden Westen, **Popeye:** Seemann und Spinat mümmelnder Klassiker von E. C. Segar.

Picasso *Spanischer Maler.*
Pinocchio *„Die Abenteuer von Pinocchio" von Carlo Collodi.*
Plato *Griechischer Philosoph.*
Plisch *„Plisch und Plum", Bildergeschichte von Wilhelm Busch.*
Pluto *Comic-Hund in Walt Disneys „Micky Maus".*
Poldi *Häufig für Dackel, besonders in Süddeutschland.*
Pollux *Castor und Pollux → Freunde und Kumpel, Seite 32*
Pontius *Lateinisch: Pontius Pilatus, römischer Statthalter.*
Popeye *→ Comic und Cartoon, Seite 29*
Primus *Lateinisch: der Erste. Passt nicht zu jedem Hund.*
Prinz *Klassischer Hundename, vorzugsweise für Schäferhunde.*
Purzel *Unverändert beliebt für die Kleinen, besonders Dackel.*
Puschkin *Russ. Schriftsteller.*
Putzi *Kosename.*

Quax *„Quax der Bruchpilot", Kinofilm mit Heinz Rühmann in der Titelrolle.*
Quichotte *→ Weltliteratur, Seite 20*
Quincy *Englischer Vorname, eigenwillig, aber reizvoll.*

Ralf *Ursprünglich englisch, längst auch bei uns beliebt.*
Ramses *Pharao: ägyptischer Herrscher der Antike.*
Rasmus *Kurz von Erasmus. Vor allem im Norden beliebt.*
Rasputin *Russischer Mystiker und „Wundermönch".*
Ravel *Franz. Komponist.*
Red *Englisch: rot. Für Hunde mit kupferfarbenem Fell.*
Rembrandt *Niederländischer Barockmaler.*

Remus *Romulus und Remus → Freunde und Kumpel, S. 32*
Rex *→ Film u. Fernsehen, S. 24*
Rhett *Scarlett und Rhett → Pärchen und Partner, Seite 33*
Richie *Kurz von Richard, auch italienische Schreibweise Ricci.*
Rico *Abkürzung von Richard.*
Ringo *→ Berühmte Frauen und Männer, Seite 44*
Robby *→ Top Ten, Seite 26*
Robin *Robin und Marian → Pärchen und Partner, Seite 33*
Robinson *→ Piraten und Abenteurer, Seite 25*
Rocky *Von englisch rock für Fels. „Rocky"-Boxerfilme.*
Romeo *Romeo und Julia → Pärchen und Partner, Seite 33*
Romulus *Romulus und Remus → Freunde und Kumpel, S. 32*
Rossini *→ Berühmte Frauen und Männer, Seite 44*

PAWLOWS HUND

Vor über 100 Jahren schrieb Iwan Petrowitsch Pawlow mit dem klassischen Experiment zum bedingten Reflex Geschichte: Jedes Mal, wenn sein Versuchshund Futter bekam, ließ Pawlow eine Glocke läuten. War der Glockenton zuvor ohne Bedeutung, regte er den Hund in Erwartung des Futters bereits nach wenigen Versuchen zum Speicheln an. Und bald darauf löste schon allein die Glocke diese Reaktion aus.

Rousseau → *Hunde mit Köpfchen, Seite 40*
Roxy *Roxy Music: britische Popmusikgruppe.*
Roy *Keltischer Name für Rot.*
Rübe *Liebevoller Rufname.*

Salvatore *Italienisch, leicht, locker und beschwingt.*
Sammy → *Top Ten, Seite 26*
Sascha *Ursprünglich russisch von Alexander. In den letzten Jahren zunehmend in Mode.*
Satchmo → *Malerei und Musik, Seite 43*
Scaramouche *Nach Rafael Sabatinis Abenteuerroman.*
Schoko *Kurz für Schokolade. Für Hunde mit braunem Fell.*
Scooter *Englisch: Motorroller, aber auch für Comic-Figur.*
Scottie *Passt prima für einen Scottish Terrier.*
Sepp *Speziell in Bayern häufig. Von Joseph. Auch Seppl.*
Shakespeare *Englischer Dichter. Vorzugsweise für britische Rassen.*
Sherlock *Holmes und Watson* → *Freunde und Kumpel, S. 32*
Sherry *Spanischer Wein. Für Hunde mit bräunlichem Fell.*
Shorty *Von englisch short für kurz. Für kleinere Hunde.*
Siggi *Von Siegfried. Ein klassischer Name, der fast nur in der Kurzform gebräuchlich ist.*
Silver *Englisch für Silber. Für Hunde mit einem silber- oder hellgrauen Fell.*
Sindbad → *Weltliteratur, S. 20*
Sir *Höfliche englische Anrede. Für „aristokratische" Hunde.*

Die eindrucksvollsten Namen für Machos und Maestros

Achill: der größte Held von Troja, Alpha: Platz eins im griechischen Alphabet und im Leben, Merlin: Zauberer der englischen Sagenwelt, Attila: aber bitte nicht so kriegerisch wie der Hunnenkönig, Hannibal: für Hunde mit Führungsqualität, Mephisto: der Teufel in Goethes „Faust", Ramses: großer Pharao vom Nil, Zeus: der Göttervater in der griechischen Mythologie.

Sixtus *Lateinischer Name, fast nur im Norden gebraucht.*
Smarty → *Hunde mit Köpfchen, Seite 40*
Smoky *Vom englischen smoke für Rauch. Perfekt für dunkelhaarige Hunde.*
Snoopy *Charlie Browns Hund in den Peanuts-Comics.*
Sokrates *Griech. Philosoph.*
Sonny *Englisch: mein Kleiner, aber auch für einen Sonnyboy.*
Speedy *Englisch speed für Tempo. Speedy Gonzales: „die schnellste Maus von Mexiko".*
Spike *Comic-Bulldogge und amerikanischer Spitzname.*
Strolch *Susi und Strolch* → *Film und Fernsehen, Seite 24*
Struppi *Tim und Struppi* → *Freunde und Kumpel, Seite 32*
Sugar *Englisch für Zucker, Kose- und Spitzname: Boxer „Sugar" Ray Robinson.*
Sweetie → *Mimosen und Dornröschen, Seite 39*

Taifun *Tropischer Wirbelsturm. Kein Name für jeden Hund.*
Tako *Norddeutsch, ungewöhnlich und sehr eigenständig.*
Tango *Argentinischer Tanz.*
Tarzan → *Weltliteratur, S. 20*
Tasso *Ursprünglich italienisch, traditioneller Hundename.*
Teddy → *Top Ten, Seite 26*
Theo *Abkürzung von Theodor, einfach und unverwechselbar.*
Tiger *Wird meist nur als Rufname benutzt. Witzig und originell bei kleinen Hunden.*
Tim *Tim und Struppi* → *Freunde und Kumpel, Seite 32*
Timmy → *Top Ten, Seite 26*
Tino *Italienisch. Ein schöner und unkomplizierter Name.*
Titus *Klassisch biblisch. Für Doggen und andere Riesen.*
Tizian *Italienischer Maler.*
Tom *Die wilden Comic-Abenteuer von Tom und Jerry.*
Tony *Ursprünglich von Anton, heute eigenständig gebraucht.*

Tramp *Englisch für Vagabund.*
Tristan → *Klassischste Namen der Sagenwelt, Seite 34*
Truman *US-Präsident.*
Turbo *Abk. für Turbolader. Für schnelle Rassen wie Windhunde.*

Ustinov → *Berühmte Frauen und Männer, Seite 44*
Uwe *Norddeutsch, hat heute etwas an Beliebtheit verloren.*

Vasco → *Piraten und Abenteurer, Seite 25*
Verdi *Italienischer Komponist.*
Vico *Klassisch-lateinisch von Viktor, relativ selten.*
Vince *Kurzwort für Vincent. Vincent van Gogh, niederländischer Maler.*
Vivaldi *Ital. Komponist.*

Waldi *Der Top-Klassiker unter den Dackelnamen. Originell: Waldemar oder Waldmann.*
Wastl *Typisch süddeutsch und häufig beim Dackel.*
Watson *Holmes und Watson →Freunde und Kumpel, unten*

Wellington *Herzog, britischer Premier und Feldmarschall.*
Werner *Alter deutscher Name. Als Hundename fast exotisch.*
Whisky *Branntwein von meist bräunlicher Farbe. Für Hunde mit braunem Fell.*
Wigo *Eigenständig friesisch.*
Willi *Von Wilhelm. Klingt witzig und schnodderig.*
Wim *Kurzwort von Wilhelm.*
Winston *Eleganter englischer Vorname: Premierminister Winston Churchill.*
Wodka *Hochprozentiges Nationalgetränk in Russland.*
Wolf *Vom althochdeutschen Wolfgang. Heute seltener.*
Woody *Englisch-amerikanisch: Woody Allen, Filmregisseur, Schauspieler und Schriftsteller.*

Wotan → *Klassischste Namen der Sagenwelt, Seite 34*
Wulf *Eigenwillige Kurzform von Wolfgang. Nicht häufig.*
Wurzel *Liebevolle Bezeichnung vorzugsweise für kleine Hunde.*
Wuschel → *Kosewort für langhaarige Herzensbrecher.*

Xaver *Nur in Süddeutschland gebraucht, eigenwillig und unverwechselbar.*
Xerxes *Persischer König.*

Yankee *Umgangssprachlich für US-Amerikaner.*
Yeti *Sagenhafter Schneemensch des Himalaja.*
Yogi *Anhänger der philosophisch-religiösen Yoga-Lehre.*
Yves *Französischer Name, bei uns relativ selten.*

Zacharias *Biblisch. Im Süden als Kosename Zacherl.*
Zappa *In Anlehnung an den Rockmusiker Frank Zappa.*
Zeus → *Machos und Maestros, Seite 31*
Zoltan *Ungarischer Vorname, leitet sich vom Titel Sultan ab.*
Zorro *Titelheld in zahllosen Mantel-und-Degen-Filmen.*
Zottel *Passt perfekt zu Hunden mit einem widerborstigen Fell.*

Die besten **Namen** für **Freunde** und **Kumpel**

Tim und Struppi: furchtlose Comic-Helden, Castor und Pollux: unzertrennliche Brüder, Pünktchen und Anton: Kästners Kinderroman nicht nur für Kinder, Romulus und Remus: die Sage von den Gründern Roms, Holmes und Watson: Spürnasen des Sir Arthur Conan Doyle.

Die schönsten Namen
für Hündinnen

Ada *Aus dem Hebräischen für edel. Unkompliziert und frisch. Kurz für Agnes und Adelheid.*
Adele *Alter deutscher Name, zum Glück nie ganz aus der Mode gekommen. Kurzformen: Ada, Adda, Heide, Lida.*
Afra *Tochter eines Königs von Zypern, als Märtyrerin verehrt.*
Afro *Abk. von Afrolook. Für Rassen mit schwarz gelocktem Fell. Auch kurz für Aphrodite.*
Agatha *Griechisch: die Gute. Krimiautorin Agatha Christie.*
Agnes *Aus dem Griechischen für rein. Abk.: Ada, Agda.*
Aida *Arabisch: zurückkehren. Extravagant und romantisch. Gleichnamige Oper von Verdi.*
Aileen *Abgeleitet vom klassisch-griechischen Helena.*
Aja *Aus dem Italienischen für Erzieherin. Locker und aktuell.*
Alba *Aus dem Lateinischen: weiß. Attraktiver Rufname.*
Alexa *Von Alexandra. Trendy und weltweit beliebt.*
Alice → *Weltliteratur, Seite 20*
Alma *Aus dem Lateinischen, ursprünglich: die Nährende.*
Alva *Ein wunderschöner und unkomplizierter schwedischer Name. Bei uns sehr selten.*

Die schönsten Namen
für Pärchen und Partner

Romeo und Julia: die schönste Liebe aller Zeiten, Cäsar und Cleo(patra): einfach klassisch, Leonce und Lena: Georg Büchners unsterbliches Liebespaar, Scarlett und Rhett: ewige Liebe vom Winde verweht, Robin (Hood) und Marian: der brennende Pfeil der Liebe, Napoleon und Josephine: große Gefühle.

Amanda *Lateinisch: die Liebenswerte. Wird trotz seiner schönen Bedeutung kaum benutzt. Beliebter sind die Kurzformen Mandy und Amy.*
Amelie *Häufigster Name der Wortgruppe Amalia, Amalie, Amelia. Abgeleitet Lilli, Lia.*
Amiga *Lateinisch: Freundin.*
Amy *Kurzform von Amanda und Amalia. Im angloamerikanischen Sprachraum häufig.*
Anastasia → *Prinzen und Prinzessinnen, Seite 22*
Angel *Englisch für Engel, vom lateinischen Angela. Auch Angelina und kurz Geli.*

Angie *Von Angelika. Modern und mit sehr schönem Klang.*
Anika *Liebevoll und persönlich. Russische Koseform von Anna.*
Anja *Fernab von Trends beliebt und speziell im Norden häufig.*
Anka → *Top Ten, Seite 37*
Anna *Biblisch, unvermindert aktuell. Auch Anni. Englisch und sehr angesagt: Ann.*
Antje *Niederländisch und norddeutsch. Wortstamm Anna.*
Anuschka *Russisch. Persönlich und liebenswert.*
Aphrodite *Göttin der Liebe in der griechischen Mythologie.*
April *Englischer Vorname.*

Ari *Kurzform des italienischen Arietta. Ausgefallen und selten.*
Arka *Russisch vom klassisch-griechischen Namen Ariadne.*
Ashley *Englisch und im Trend. Auch für Rüden geeignet.*
Asta → *Top Ten, Seite 37*
Audrey *Altenglisch, aber nach wie vor zeitgemäß. Filmstar Audrey Hepburn.*
Aura *Lateinisch aurora: die Morgenröte. Seltener Name.*
Ava *Interessant und außergewöhnlich, nicht sehr häufig.*
Avery *Alter englischer Name, der auch in anderen Ländern an Beliebtheit gewinnt.*

Babe *Amerikanisch umgangssprachlich für junges Mädchen: „Hey babe!"*
Babsi *Liebevolle und moderne Kurzform von Barbara.*
Babuschka → *Babyboomer und Muttis Lieblinge, Seite 36*
Baby *Kosewort aus dem Englischen: „meine Kleine".*
Banja *Klassisch und zeitlos.*

Barbie → *Babyboomer und Muttis Liebling, Seite 36*
Bea *Kurz für Beate, lateinisch: die Glückliche. Klassisch-schön.*
Beauty *Englisch für Schönheit. Auch bei uns gebräuchlich.*
Becky *Kurzform von Rebekka. Interessanter Rufname.*
Bele *Abgeleitet von Beatrix. Locker und sehr eigenständig.*
Belinda *Von italienisch Bella. Exotisch, sicher nicht für jede Hündin die richtige Wahl.*
Bella → *Top Ten, Seite 37*
Belle *Englisch-amerikanisch mit der Bedeutung: die Schöne.*
Bene *Pfiffiges und ausgefallenes Kurzwort für Benedikta.*
Berta *Alter Name, zwar leicht angestaubt, aber originell.*
Bessy *Kurzform des englischen Elizabeth. Auch beliebt: Bess.*
Beta *Friesisch kurz für Beate, apart und eigenwillig.*
Betty *Abgeleitet von Elisabeth. Verwandt und beliebt: Betsy.*
Bi *Kurz für Sabine, Sabrina oder Bionda. Locker und lässig.*

Bianca *Ursprünglich italienisch: die Weiße. Längst jedoch international verbreitet. Mit angenehmem Wortklang.*
Bibi *Kurz- und Koseform von Barbara und Birgit. Prägnant und liebenswert.*
Biggi *Zärtlich-liebevoller Kosename für Brigitte.*
Bijou → *Mimosen und Dornröschen, Seite 39*
Bille *Zeitgemäß vom Klassiker Sibylle, griechisch für Seherin.*
Bina *Interessante Kurzform von Christine und Fabia.*
Bine *Kosename für Sabine.*
Bionda *Italienisch: die Blonde. Für Hündinnen mit hellblondem Fell.*
Birdie *Englisch für Vögelchen. Trendy und locker, lustig und liebenswert.*
Blacky *Vom englischen black für schwarz. Das dunkle Fell wird vorausgesetzt.*
Blanca *Unkompliziert und beliebt. Bedeutung: weiß, hell. Auch als Blanka.*
Blanche *Französisch für weiß. Attraktiv, aber selten.*
Blondie *Umgangssprachlich für eine Blondine. Trendname.*
Blümchen *Modisch, leicht und beschwingt.*
Bo *Kurz für slawisch Bronja, angloamerikanisch auch als eigenständiger Vorname, z. B. Schauspielerin Bo Derek.*
Bobby *Englisches Kurzwort von Roberta und Robert. Auch im deutschen Sprachgebrauch.*
Bonita *Spanisch: die Schöne. Bei uns nur vereinzelt.*

Die klassischsten Namen der Sagenwelt

Ajax: Held der Antike, **Flora:** Göttin des Frühlings, **Kronos:** von Zeus gestürzter Weltenlenker, **Saba:** im Reich der legendären Königin, **Lady Godiva:** entblößt zu Pferd durch London, **Mars:** Kriegsgott der Römer, **Odysseus:** auf langer Irrfahrt, **Wotan:** höchster Gott der Germanen, **Tristan:** Sagengestalt des Mittelalters.

DIE LIEBE KOMMT BEI DEN SPAGHETTI

Sie heißt Susi und ist eine Cocker-Dame aus bestem Haus, er ist ein abenteuerlustiger Strolch und heißt auch so. Beim gemeinsamen Spaghetti-Essen funkt es zwischen den beiden. Und alles, was traurig begann, wird schließlich wieder gut. Vier volle Jahre dauerte es, bis 150 Illustratoren die 110.000 Bildvorlagen für Disneys Zeichentrick-Meisterwerk „Susi und Strolch" erstellt hatten.

Bonna *Norddeutsch und mit eindrucksvollem Klang.*
Bonnie → *Hunde mit Köpfchen, Seite 40*
Bora *Skandinavisch für die Fremde. Auch ein kalter Wind an der Küste Dalmatiens.*
Bounty *Englisch für Großmut. Filmklassiker „Meuterei auf der Bounty".*
Branka *Aus dem Slawischen, unkomplizierter Hundename.*
Brenda *Englisch, sehr eigenständig. Verwandt mit Branda.*
Bridget *Ein unverbrauchter und reizvoller englischer Name. Geht zurück auf Brigitta.*
Britt *Nordisch für Brigitte. Davon abgeleitet auch Britta.*
Bronja *Slawisch kurz von Bronislawa. Bei uns exotisch.*
Bunny *Kosewort mit der Bedeutung „mein Häschen".*
Butzi *Klassischer Kosename.*

Calla *Wahrscheinlich abgeleitet von Caroline.*
Callas *Griechisch-amerikanische Operndiva Maria Callas.*
Candy *Kosebezeichnung, aus dem Englischen für Süßigkeit.*
Carina *Italienisch, klingt angenehm und liebenswert.*
Carmen *Beliebter spanischer Vorname. Oper von Bizet.*
Carol *Klarer und kräftiger Name, Kurzwort für Caroline.*

Carrie *Englisch, unbeschwert und trendy. Kurz für Carolyn.*
Cassy *Zeitgemäße Koseform für das englische Cassandra.*
Charlie *Englisch, eigenständiges Kurzwort für Charlene.*
Chelsea *Schöner und eigenwilliger altenglischer Vorname.*
Cher *Künstlername: Sängerin und Schauspielerin Cherilyn La Pierre Sarkisian.*
Chérie → *Babyboomer und Muttis Lieblinge, Seite 36*
Cheryl *Attraktiver amerikanischer Vorname, bei uns selten.*
Chiara *Italienisch für Clara. Klangvoll und aufregend.*
Chichi *Französisches Kosewort, vor allem für Kleinhunde.*
Chloë *Aus dem Griechischen. Sehr reizvoll und eigenständig.*
Chrissie *Modische Kurzform von Christine und Christiane.*
Cinderella → *Märchen und Fabel, Seite 27*
Cindy *Kurz von Cinderella, modern und häufig.*
Clara *Lateinisch: klar und hell. Klassisch, ein bisschen aus der Mode. Charmant: Claire.*
Cleo *Cäsar und Cleopatra* → *Pärchen und Partner, Seite 33*
Clio *Tochter von Zeus und eine der griechischen Musen.*
Coco *Abgeleitet von Cosima. Schöner, liebevoller Rufname.*
Conny *Klassisch von Cornelia.*
Cora → *Top Ten für Hündinnen, Seite 37*
Corrie *Von Cornelia oder Corina. Modern, frech, lustig.*
Cosima *Elegant und edel, aber nicht mehr oft verwendet.*

Daggi *Attraktive Kurz- und Koseform von Dagmar.*
Daisy → *Top Ten, Seite 37*
Dana *Schnörkellos, angenehm im Klang. Kurz von Daniela.*
Daphne *Griechische Nymphe. Aparter und reizvoller Name.*
Dawn *Englischer Vorname, verwandt mit dem deutschen Dawina.*
Debbie *Frisch und modern, vom biblischen Deborah.*
Deidre *Englisch, selten und eigenwillig. Krönt eine außergewöhnliche Erscheinung.*
Delia *Alter griechischer Name für edle Rassehündinnen.*
Deta *Althochdeutsch, selten und von sehr eigenem Reiz.*
Diana *Römische Göttin der Jagd und der Natur. Englisch kurz auch Di, z. B. Lady Di.*
Dido *Griechische Mondgöttin. Oper „Dido und Aeneas".*
Dina *Kurzform von Diana.*
Diva *Italienisch: die Göttliche. Bezeichnung für eine gefeierte Schauspielerin oder Sängerin.*
Dixie *Frech und flott.*
Dodo *Eigenwillige Kurzform von Dolores oder Gwendolyn.*
Dolly *Beliebter Kurzname vom klassischen Dorothea.*
Dolores *Rassig und mit Pfiff.*
Donna *Italienisch: die Herrin.*
Doro *Kurz für Dorothea. Verwandter Kosename: Dorle.*
Dotty *Frisch und locker, von Dorothea. Englisch: Dorothy.*
Dunja *Slawisch, klingt dunkel und geheimnisvoll.*
Dusty *Von englisch dust: Staub. Sängerin Dusty Springfield.*

Die schönsten **Namen** für
Babyboomer und **Muttis Liebling**

Babuschka (Babu): russischer Schmusename, Chérie: mein kleiner Liebling, Honey: zum Anbeißen süß, Murmel: der traditionelle Kosename, Barbie: nicht nur für Püppchen, Floh: Liebesbekundung an die ganz Kleinen und Zarten, Buddy: ein treuer Freund in allen Lebenslagen, Mogli: nach Rudyard Kiplings liebenswertem Menschenkind in den „Dschungelbüchern".

Ebba *Nordisch, ungewöhnlich.*
Ebony *Englisch: Ebenholz, für dunkelhaarige Hunde.*
Edda *Altenglischer Name und berühmte nordische Dichtung.*
Effi *Ehrwürdiger, aber noch zeitgemäßer Vorname. „Effi Briest" von Fontane. Auch Elfi.*
Eika *Friesisch, nach wie vor ein beliebter Hundename.*
Ella *Von Elisabeth und Elfriede. Jazzsängerin Ella Fitzgerald.*
Elsa *Norddeutsch und unberührt von jeder Mode.*
Elsie *Abgeleitet vom altenglischen Namen Chelsea.*
Elvira *Spanisch, aber auch bei uns bekannt, trotzdem selten.*
Emily *Vom klassischen Emilia. Klingt zärtlich und vertraut.*
Emmy *Unkompliziert, zeitlos, passt immer. Auch Emma.*
Erna *Einfach und „handfest", origineller Hundename.*
Evi *Koseform des biblischen Eva. Sehr klangvoll: Evita.*

Falka *Nordisch kühl und klar.*
Fan *Kurz und modisch für Stephanie. Englische Betonung.*
Fanny *Von Franziska oder Stephanie. Locker und lustig.*
Farah *Arabisch. Perfekt für edle Rassen. Farah Diba, frühere persische Kaiserin.*
Fatima *Arabisch, auch jüngste Tochter von Mohammed.*
Fay *Englisch: Elfe. Besonderer Name mit angenehmem Klang.*
Fee → *Mimosen und Dornröschen, Seite 39*
Fenja *Friesisch eigenständig. Riesin der germanischen Sage.*
Fergie *Spitzname für Sarah Ferguson, Herzogin von York.*
Fiffi *Klassischer Hundename.*
Fina *Von hebräisch Seraphine.*
Fleur *Französisch: Blume. Sehr individuell mit schönem Klang.*
Flocke *Kosewort, schön für Hunde mit gewelltem Fell.*
Floh *Witziger Kosename für (leichtgewichtige) Kleinhunde.*

Floppy *Locker und lässig, aus der Computersprache: Floppy Disk (Diskettenlaufwerk).*
Flora → *Klassischste Namen der Sagenwelt, Seite 34*
Florence → *Berühmte Frauen und Männer, Seite 44*
Flori *Von lateinisch Flora.*
Foxi *Kurzwort für Foxterrier, englisch fox: Fuchs.*
Franka *Alter deutscher Name.*
Franzi *Kosename für Franziska, unverändert beliebt.*
Freda *Friesisch für Frederika.*
Freia *Von Freyja, der Göttin des Frühlings und der Liebe.*
Fricka *Friesischer Vorname, auch Schutzgöttin des Lebens.*
Frida *Kurz für Elfriede und Friederike. Etwas angestaubt.*
Frigga *Nordisch und alles andere als ein Allerweltsname.*
Fritzi *Lustige und zärtliche Kurzform von Friederike.*

Gala *Lateinisch für Gallierin. Ungewöhnlich und klangvoll.*
Gea *Griechisch: die Erde. Ein außergewöhnlicher Name.*
Geertje *Friesischer Kosename für Gerta. Frisch und peppig.*
Geisha *Aus dem Japanischen für eine Gesellschafterin.*
Georgia *Nur mit englischer Aussprache. Kurzform: Gina.*
Gerti *Von Gertrud. Wirkt persönlich und liebevoll.*
Gesche *Markant und eigenwillig vom friesischen Gesine.*

Gila *Kurz für das altdeutsche Gisela. Heute eher selten.*
Gina *Von italienisch Gianna. Überall beliebt, schöner Klang.*
Ginger *Englisch-amerikanisch. Tänzerin Ginger Rogers.*
Gipsy *Englisch für Zigeuner. Auch für Rüden beliebt.*
Gisa *Koseform für Gisela.*
Gitta *Von Brigitte, zeitgemäß, attraktiv. Noch zärtlicher: Gitti.*
Gladys *Irisch, bei uns noch weitgehend unbekannt.*
Gloria *Vom Lateinischen für Ruhm. Eindrucksvoll, passt zu stattlichen Hündinnen.*
Godiva → *Klassischste Namen der Sagenwelt, Seite 34*
Goldie *Englisch, von Golda: die Goldene. Schauspielerin Goldie Hawn.*
Grace *Englisch, von lateinisch gratia: anmutig. Trendname.*
Greta *Aus dem Schwedischen, heute weniger gefragt.*
Gretel → *Märchen und Fabel, Seite 27*
Guscha *Norddeutsch von Gudrun, ungewöhnlich und für manche Ohren fremdartig klingend.*
Gustl *Liebevoll kurz vom fast vergessenen Auguste.*

DIE TOP TEN FÜR HÜNDINNEN

Anka Dauerabo für die Top Ten, **Asta** lange bevor ein Foxl den Namen im Film vom „Dünnen Mann" berühmt machte, **Cora** klingt gut und altert nie, **Daisy** ein Gänseblümchen (englisch) erobert die Welt, **Bella** schön und kurz von Isabella, **Jackie** zeitlos und über alle Grenzen, **Lucy** unkompliziert und pfiffig, **Lissy** zärtlich für Elisabeth, **Sally** Sarah modern, **Senta** klassisch und längst Kult.

Halla *Schwedisch frisch.*
Hanna *Kurz für Johanna. Seit langem beliebt, auch: Hannah.*
Happy *Englisch für glücklich, liebevoller Kosename für ausgeglichene Hundedamen.*
Harriet *Englisch, heute auch international. Jugendlich-frisch.*
Hazel *Englisch für Haselnuss. Klingt schön und interessant.*
Hedda *Alter nordischer Name.*
Heidi *Ein Evergreen und die Koseform für Adelheid.*
Heika *Nordisch-klar. Als Hundename seltener: Heike.*
Helen *Griechisch. Beliebte Kurzform: Lena, auch Lenka.*
Hera *Im Griechischen Herrin und Stärke. Mythologie: Gattin von Göttervater Zeus.*
Hero *Priesterin der Aphrodite, Sage von Hero und Leander.*
Herta *Traditionsname, hat ein bisschen Staub angesetzt.*
Hetta *Echt friesisch.*
Hexe *Kose- und Rufname speziell für Dackeldamen.*
Honey → *Babyboomer und Muttis Lieblinge, Seite 36*
Hummel *Liebevolles Kosewort für quirlige Hündinnen.*

Ida *Fast vergessener, unkomplizierter norddeutscher Name.*
Ilka *Kurzform von Ilona. Als Hundename ein Dauerbrenner.*
Ilsa *Nordisch für Elisabeth.*
Ina *Von Katharina. Schlicht, aber nicht ohne Reiz.*
Inka *Verwandt mit Veronika und Ingrid. Meist im Norden.*
Ira *Kurz von Irene oder Irina.*
Isa *Kurzwort für Isabella.*

Isabella *Klassischer Name mit südländischem Flair.*
Isolde *Klassisch, aber fast vergessen. „Tristan und Isolde", Oper von Richard Wagner.*

Jackie → *Top Ten, Seite 37*
Jane *Englisch, verwandt mit Johanna. Liegt im Trend.*
Janet *Englischer Vorname, bei uns noch von besonderem Reiz.*
Jara *Brasilianisch, exotisch.*
Jeannie → *Hunde mit Köpfchen, Seite 40*
Jennifer *Trendy und spritzig.*
Jenny *Englisch für Johanna.*
Jessie *Von hebräisch Jessica.*
Jill *Englischer Kosename von Juliana. Schöner Wortklang.*
Jo *Prägnant und beliebt, englisch kurz für Johanna, Jolande.*
Jocy *Abkürzung für Jocelyn. Ungewöhnlich, bei uns selten.*

KOMMISSAR REX FÜR DIE WELT

Er arbeitet für die Wiener Mordkommission und hat tierischen Erfolg: Die Krimi-Serie „Kommissar Rex" mit ihrem vierbeinigen Titelhelden lockt seit zehn Jahren und über 100 Folgen regelmäßig mehrere Millionen Zuschauer vor den Bildschirm. Das Rex-Fieber grassiert inzwischen weltweit in 100 weiteren Ländern, in denen man nicht genug bekommt von der Spürnase des mit allen Wassern gewaschenen Schäferhundes im Polizeidienst.

Die schönsten **Namen**
für **Mimosen** und **Dornröschen**

Fiffi: passt zu kleinen frechen Spitzbuben, **Bijou:** will behütet werden wie ein wertvolles Schmuckstück, **Fee:** hat mindestens drei Wünsche frei, **Krümel:** setzt ja doch immer ihren Willen durch, **Quitte:** genau richtig für einen quirligen Quälgeist, **Sweetie:** Wer kann schon seinem Herzblatt böse sein, **Lulu:** für kapriziöse Hundedamen mit eigenem Köpfchen.

Jodie *Englisch für Johanna.*
Josephine *Napoleon und Josephine → Pärchen, Seite 33*
Joy *Englisch für Freude, aber auch ein beliebter Vorname.*
Joyce *Vom englischen Jovita. Attraktiv, aber selten.*
Judy *Koseform von Judith. Von hebräisch: die Gepriesene.*
Jule *Von Julia, auch: Julchen.*
Julia *Romeo und Julia → Pärchen und Partner, Seite 33*
Julischka *Ungarische Koseform von Julia.*

Kara *Aus dem Lateinischen von cara: geschätzt und wert.*
Karen *Nordisch für Karin.*
Kathrin *Süddeutsch häufig für Katharina. Kurz: Kati, Katja.*
Kay *Vom englischen Katherine, zeitgemäß und flott.*
Kia *Kurz für Saskia. Aus dem Niederländischen: die Sächsin.*
Kim *Wahrscheinlich abgeleitet vom Ortsnamen Kimberley.*

Kitty *Koseform von Katherine.*
Krümel *→ Mimosen und Dornröschen, oben*
Kyra *Von Kyros: persischer Königsname. Extravagant.*

Lady *Englisch: Dame. Klingt vornehm und edel.*
Laika *Evtl. von Malaika, arabisch: mein Engel. Auch Name der ersten Hündin im Weltall.*
Lakritz *Süßigkeit. Kosename für Hunde mit schwarzem Fell.*
Lana *Russisch für Namen, die auf -lana enden, wie Swetlana.*
Lara *Kurz für Larissa. Heilige der orthodoxen Kirche.*
Lassie *→ Film und Fernsehen, Seite 24*
Laura *Weibliche Variante von Laurentius.*
Lavinia *Edel und distinguiert.*
Lea *Im Hebräischen die erste Frau Jakobs. Einfach und klar.*
Leda *→ Prinzen und Prinzessinnen, Seite 22*

Lee *Amerikanisch lässig für Leslie. Auch für Rüden.*
Leila *Arabisch, sanfter Klang.*
Lena *Leonce und Lena → Pärchen und Partner, Seite 33*
Lenka *Polnisch-tschechisch für Helene und Magdalena.*
Libby *Kosename für slawisch Libusa: Liebling. Originell.*
Liberty *Englisch für Freiheit. Wirkt zeitgemäß, klingt gut.*
Liesel *Von Elisabeth, bodenständig, aber etwas altbacken.*
Lilli *Koseform von Elisabeth.*
Lilo *Kurz für Lieselotte. Lustig und liebenswert.*
Linda *Zeitlos, von Belinda.*
Lindsay *Ungewöhnlicher und attraktiver altenglischer Name.*
Lindy *Englische Kurzform für Namen, die auf -linde enden.*
Linka *Von Karolinka, polnische Koseform von Karoline.*
Lissy *→ Top Ten, Seite 37*
Lita *Verwandt mit dem klassischen Luitgard. Eher selten.*
Liv *Norwegisch, wirkt lebendig. Schauspielerin Liv Ullmann.*
Liz *Englische Kurzform von Elizabeth. Auch Lizzi.*
Lola *Spanisch flott und frech für Dolores. Auch: Lolita.*
Lollo *→ Berühmte Frauen und Männer, Seite 44*
Loretta *Koseform von Lora.*
Lorna *Englisch und sehr eigen.*
Lotti *Koseform für Charlotte.*
Lou *Von Louise. Auch Loulou.*
Lucia *Abgeleitet von lateinisch lux: Licht. Sanft und schön.*
Lucky *Englisch für glücklich. Perfekt für eine springlebendige und verspielte Hündin.*

Lucy → *Top Ten für Hündinnen, Seite 37*
Lulu → *Mimosen und Dornröschen, Seite 39*
Luna *Lateinisch für Mond und Mondschein. Eher selten.*
Lynn *Englisch kurz und Trend für Linda und Carolyn.*

Mabel *Von englisch Amabel. Ursprünglich lateinisch amabilis für liebenswürdig.*
Madge *Englisch von Margaret.*
Madonna → *Malerei und Musik, Seite 43*
Mady *Englisch, abgeleitet vom klassisch-biblischen Namen Magdalena.*
Maggie *Englische Koseform für Margaret.*
Magna *Lateinisch: die Große. Kein häufiger Name.*
Maike *Friesisch für Maria. Ausgefallen, aber modern.*
Maja *Von Maria. Von allen Kindern geliebt: Biene Maja.*
Malika *Ungarische Koseform von Amalie.*
Mandy *Englisch, liebenswürdig und frisch von Amanda.*
Manon *Französische Koseform von Maria. Elegant, auffallend.*
Mara *Biblisch, schlicht, klar.*
Marcia *Englisch, hierzulande noch nicht entdeckt.*
Marga *Kurz für Margarete.*
Margo *Französisch von Margot.*
Marian *Robin und Marian →* *Pärchen und Partner, Seite 33*
Marilyn → *Berühmte Frauen und Männer, Seite 44*
Marita *Spanische Koseform von Maria.*

Die angesagtesten Namen für Hunde mit Köpfchen

Smarty wer so heißt, muss clever sein, Einstein für echte Kopfarbeiter, Rousseau den großen Philosophen zum Vorbild, Bonnie und Clyde für Hundepärchen, die wissen, was sie wollen, Kalle Kalle Blomquist, Astrid Lindgrens Meisterdetektiv, Jeannie mit magischen Kräften wie die bezaubernde Jeannie der TV-Kultserie, Nat welterfahren wie Nathan der Weise.

Martha *Biblisch, Bedeutung: die Herrin. Zeitloser Name.*
Mary *Englisch für Maria. Unkompliziert und beschwingt.*
Mascha *Russische Koseform von Marija für Maria.*
Mata Hari → *Piraten und Abenteurer, Seite 25*
Mathilde *Klassisch, zeitlos.*
Maud *Englisch vom altfranzösischen Maude.*
Mausi → *Schmusetiger und Couch Potatoes, Seite 41*
Maxi *Kurz für Maximiliane. Lateinisch maximus: sehr groß.*
May *Englisch von Medea, einer griechischen Sagengestalt.*
Maya *Altindische Göttin, häufiger in der Schreibweise Maja.*
Melanie *Vom Griechischen für schwarz. Kurz: Melly, Melli.*
Melina *Verwandt mit Amelia und Pamela. Melina Mercouri, Schauspielerin und Politikerin.*
Melinda *Wahrscheinlich aus dem Griechischen: die Zarte.*

Mercedes *Rassiger spanischer Vorname.*
Meret *Vom schweizerischen Emerentia. Eigenwillig.*
Merle *Von lateinisch merula: die Amsel. Leicht und fröhlich.*
Merry *Englisch: vergnügt.*
Meta *Nordisch kurz und unkompliziert für Margareta.*
Mette *Niederdeutsch von Mechthild. Originell, auffällig.*
Mia → *Schmusetiger und Couch Potatoes, Seite 41*
Milky *Englisch für milchig.*
Milly *Zärtlich für Emily.*
Milva *Italienisch aus Maria und Ilva. Sängerin Milva.*
Mimi → *Schmusetiger und Couch Potatoes, Seite 41*
Mine *Kurz für Hermine und Wilhelmine.*
Mini *Passt zu Kleinrassen.*
Minka *Polnische Koseform von Wilhelmine. Auch Katzenname.*
Minni → *Comic und Cartoon, Seite 29*

Mira *Kurz für Mirabella, lateinisch mirabilis: wunderbar.*
Missy *Bernhardinerin in „Eine Familie namens Beethoven".*
Mizzi *Koseform für Maria.*
Mohrle *Für schwarzhaarige Tiere – Hund oder Katze.*
Molly *Liebevoll für Mary und für kleine Dickerchen.*
Mona *Von Monika. Zeitlos und beliebt, häufig auch Moni.*
Moppel *Zärtliches Kosewort für Kleinhunde und Sofatiger.*
Mücke *Passt am besten zu fliegengewichtigen Kleinhunden.*
Murmel → *Babyboomer und Muttis Lieblinge, Seite 36*

Nadja *Von russisch Nadjescha. Fest bei uns im Sprachgebrauch.*
Nancy *Koseform von englisch Anne. Klassisch schön.*
Nanna *Liebevoll für Anna.*
Nele *Reizvolles friesisches Kurzwort für Cornelia.*
Nelly *Englisch zärtlich für Helen und Elinor.*
Nena *Aktuelle Koseform von Xenia. Deutsche Popsängerin.*

Netti *Kurz- und Kosename für Annette, Antoinette, Jeanette.*
Nicki *Koseform von Nikola.*
Nike *Griechische Siegesgöttin.*
Nina *Schnörkellos, passt immer. Rocksängerin Nina Hagen.*
Nixe *Meerjungfrau. Bevorzugt für kleinere Hunderassen.*
Nora *Kurzwort für Leonora, wird aber heute eigenständig gebraucht.*
Norma *Aus dem Lateinischen, aber auch englischer Vorname.*
Nymphe *Naturgeist der griechisch-römischen Mythologie.*

Oda *Schlicht und eigenwillig, verwandt mit Ottilie.*
Olga *Russisch, geht auf das nordische Helga zurück.*
Olivia *Von lateinisch oliva für Ölzweig, Olive. Extravagant.*
Olympia *Abgeleitet vom Olymp, dem Sitz der Götter in der griechischen Mythologie.*
Ona *Baskisch: die Gute. Ungewöhnlich, schöner Klang.*
Ornella *Italienisch-charmant. Schauspielerin Ornella Muti.*

Paloma *Spanisch: die Taube. Mit südländischem Flair.*
Pam *Englisch kurz und trendy von Pamela.*
Pamina *Eigenwillig, auffällig.*
Panja *Liebenswert russisch.*
Paola *Italienisch für Paula. Erinnert an Süden und Sonne.*
Pat *Fröhlich und beschwingt.*
Patsy *Koseform von Patricia.*
Paula *Lateinisch: die Kleine, aber für alle Rassen beliebt.*
Pauline *Koseform von Paula.*
Pea *Kurz für griechisch Pelagia: eigenwillig und klangvoll.*

Die liebevollsten Namen für Schmusetiger und Couch Potatoes

Mimi: immer eine echte Herzensbrecherin, Caro: aus dem Lateinischen für wahre Freunde, Balu: nach dem liebenswerten Bär mit Lebensart im „Dschungelbuch", Daddy: ein Hundepapa, der es gern geruhsam angeht, Mia: zärtliche Koseform von Maria, Mausi: Schmusen im Namen inbegriffen, Ferdl: viel gemütlicher als der Ferdinand, Putzi: genau richtig für verspielte Couch Potatoes.

Pearl *Englisch für Perle.*
Extravagant. Pearl S. Buck,
amerikanische Schriftstellerin.
Peggy *Englische Koseform für*
Margaret. Pfiffig und modern.
Penny *Koseform von Penelope.*
Aktueller und fröhlicher Name.
Pepsi *Originell für Pärchen:*
Pepsi und Cola.
Petula *Lateinisch petulans:*
frech, frivol.
Philine *Griechisch philos: lieb,*
teuer. Eigenwillig, emotional.
Phoebe *Nur mit englischer*
Betonung: [ˈfiːbiː].
Pia *Aus dem Lateinischen: die*
Tugendhafte. Kräftig, klangvoll.
Piggy *Englisch: Schweinchen.*
Miss Piggy in der TV-Serie
„Sesamstraße".
Pina *Italienische Abkürzung*
für Giuseppina.
Pippa *Koseform von Philippa.*
Piroschka *Eingedeutscht von*
ungarisch Piroska. Kurz auch
Prisca, Priska.
Pola *Von Apollonia, unkompli-*
ziert, schöner Wortklang.
Poldi *Koseform von Leopolda.*
Polly *Frech-fröhliche Koseform*
des englischen Apollonia.

HIS MASTER'S VOICE

Seinen Namen haben viele noch nie gehört, sein Bild aber kennt jeder: Seit über 100 Jahren sitzt Terriermischling Nipper vor dem Schalltrichter eines Grammophons und lauscht der Musik. Nipper lebte von 1884 bis 1895 in England. Im Jahr 1900 erschienen die ersten Zeitungsanzeigen der „Gramophone Company" mit dem Nipper-Motiv. Später kam noch der Schriftzug „His Master's Voice" zum Logo. Heute ist Nipper das Warenzeichen des Schallplattenkonzerns EMI.

Pretty *Englisch für hübsch.*
Zeitgemäß, passt immer.
Princess *Englisch: Prinzessin.*
Mit aristokratischem Touch.
Pru *Kurz für Prudentia, von*
lateinisch: klug. Ein auffälliger
und ausgefallener Name.
Pünktchen *Pünktchen und*
Anton → Freunde und
Kumpel, Seite 32
Püppi *Kosebezeichnung, abge-*
leitet von Puppe.
Putzi *→ Schmusetiger und*
Couch Potatoes, Seite 41

Queen *Englisch für Königin.*
Kosename: Queenie.
Quitte *Originelles Kosewort für*
quirlige kleine Naseweise.

Rachel *Hebräisch, heute meist*
mit englischer Betonung.
Raja *Von russisch Rachil für*
Rachel. Bei uns nur vereinzelt.
Ramona *Spanisch, romantisch.*
Männliches Pendant: Ramon.
Rana *Aus dem Arabischen: die*
Liebliche. Kurz, einprägsam.
Rea *Nach der römischen Sage*
die Mutter von Romulus und
Remus. Schöner Wortklang.
Rena *Kurz für Irene, Renate,*
Verena. Süddeutschland: Reni.
Renée *Französische Form von*
Renate. Extravagant.
Resi *Koseform von Therese.*
Fast nur in Süddeutschland.
Ria *Kurz für Maria. Attraktiv,*
unkompliziert, wohlklingend.
Rika *Kurzform von Namen, die*
auf -rike enden: z. B. Friederike.
Rita *Italienisch, Kurzform für*
Margherita.

Roberta *Weibliche Form von Robert. Edel und nicht häufig.*
Romy → *Berühmte Frauen und Männer, Seite 44*
Ronja → *Weltliteratur, S. 20*
Ronny *Englische Koseform von Veronica. Kurz, aber klangvoll.*
Rosa *Lateinisch für die Rose. Kosenamen: Rosi, Rosl, aus dem Spanischen: Rosita.*
Roxy *Amerikanisch, abgeleitet vom altpersischen Roxana: die Morgenröte. Trendy und frisch.*
Ruby *Englisch für rubinrot. Passt gut zu rotbraunem Fell.*

Saba → *Klassischste Namen der Sagenwelt, Seite 34*
Sabrina *Englische Nymphe. Kinofilm mit Audrey Hepburn.*
Sally → *Top Ten, Seite 37*
Sammy *Kurz für Samantha, vom Hebräischen: die Hörende.*
Sandy *Englische Koseform von Alexandra. Oft auch Sandie.*
Sarah *Hebräisch für Fürstin, Herrin. Ein aristokratischer und stilvoller Hundename.*
Scarlett *Scarlett und Rhett* → *Pärchen und Partner, Seite 33*
Schnecke *Liebevoller Rufname für meist kleinere Hunde.*
Schnucki *Schmusewort, häufig für anhängliche Kleinhunde.*
Senta → *Top Ten, Seite 37*
Sharon *Englisch, abgeleitet von einer biblischen Ortschaft. Schauspielerin Sharon Stone.*
Sheila *Englische Schreibweise der gälischen Form von Cäcilie.*
Sherry *Die Fellfarbe darf gern ans Braun des namensgebenden Getränks erinnern.*

Shirley *Geht zurück auf einen altenglischen Familiennamen. Filmstar Shirley MacLaine.*
Shiva *Ein exotischer Name für exotische Hundedamen. Shiwa: eine der drei Hauptgottheiten im Hinduismus.*
Silja *Finnisch-schwedische Koseform von Cäcilie. Klingt frisch und kraftvoll.*
Sina *Kurzform von Namen, die auf -sina enden, wie Rosina. Eigenwillig, aber klangvoll.*
Siska *Schwedisch kurz von Franziska. Leicht, beschwingt.*
Sissi → *Prinzen und Prinzessinnen, Seite 22*
Sixta *Griechisch: die Feine, aber mit kraftvollem Klang.*
Smokey *Englisch für rauchfarben. Also vorzugsweise für eine Hündin mit grauem Fell.*
Snowy *Englisch: schneeweiß. Ein lustiger Name für kleine weiße Wonneproppen.*
Socke *Passende Bezeichnung für eine Hündin, mit der man durch dick und dünn geht.*

Sonja *Russischer Kosename von Sophia.*
Sophie *Griechisch für Weisheit. Oft auch Sophia. Italienische Schauspielerin Sophia Loren.*
Soraya → *Prinzen und Prinzessinnen, Seite 22*
Spatz *Liebevoller Rufname für kleine Hunde. Koseform Spatzl.*
Sphinx *Für Hündinnen, die gern Rätsel aufgeben.*
Steffi *Kurz und modern von Stephanie.*
Stella → *Weltliteratur, S. 20*
Stina *Abgeleitet von Christine, vor allem in Norddeutschland verbreitet. Seltener auch Stine.*
Stupsi *Liebevolles Kosewort für kleine und pfiffige Rassen.*
Sue *Englisch kurz, klangvoll und topaktuell von Susan.*
Sugar *Englisch für Zucker. Die richtige Bezeichnung für eine süße Hundedame.*
Suleika *Aus dem Arabischen, Bedeutung nicht geklärt. Die Geliebte des Dichters in Goethes „West-östlicher Divan".*

Die unvergänglichsten Namen aus Malerei und Musik

Zarah: eine Stimme à la Zarah Leander, Madonna: Sangeskünstlerin ohne Grenzen, Tosca: ganz die Diva aus Puccinis Oper, Satchmo: Blues im Blut wie Louis „Satchmo" Armstrong, Caruso: ein Startenor lässt die Herzen schmelzen, Figaro: locker und leicht wie „Figaros Hochzeit", Elvis: Rock around the clock.

Sunny *Englisch: sonnig. Ein heiterer und fröhlicher Name.*
Susa *Kurzform von Susanna, hebräisch für Lilie. Verwandte Namen: Suse, Susu, Suzy.*
Susi *Susi und Strolch → Film und Fernsehen, Seite 24*
Svenja *Weibliches Gegenstück zum nordischen Sven.*
Sweetie *Englisch für Schatz, Süße. Liebevoller Kosename.*
Sylvie *Französische Form von Silvia. Klingt frisch und mädchenhaft.*

Tammy *Von russisch Tamara, klangvoll und romantisch. Als Abkürzung auch Tara.*
Tanja *Kurzform für Tatjana. Lebendig und kraftvoll.*
Tapsi *Liebevolle Bezeichnung für kleine Hündinnen.*
Teeny *Englisch für sehr klein. Muss zur Hundegröße passen.*
Tessa *Kurz- und Kosename für Theresa, vom Griechischen: die Jägerin. Auch Tess, Tessie.*
Thyra *Bezieht sich auf den altnordischen Donnergott Thor. Außergewöhnlicher und eher seltener Hundename.*
Tiffany *Amerikanisch. Name eines bekannten New Yorker Juweliers, Kultfilm „Frühstück bei Tiffany". Kurz auch Tiffy.*
Tilly *Abkürzung von Emilie, Mathilde oder Ottilie.*
Tina *Kurz für Namen, die auf -tina enden, z. B. Christina. Zeitlos und unkompliziert.*
Tinka *Kurzwort von Kathinka, der ungarischen Koseform für Katharina. Bei uns selten.*

Die originellsten Namen berühmter Frauen und Männer

Lollo: frei nach Gina „Nazionale" Lollobrigida, Romy: für immer in den Herzen, Marilyn: unvergessliche Monroe, Florence: Florence Nightingale, der Engel der Kranken, Ustinov: Weltbürger und Allroundgenie, Nero: kaiserlicher Dauerbrenner, Rossini: der Stolz Italiens, Ringo: auf ewig am Schlagzeug der Beatles, Hitch: liebevoll für Krimi-Altmeister Hitchcock.

Toni *Beliebte Abkürzung des englischen Antonia. Wird auch für Rüden gebraucht.*
Tonka *Koseform von Antonia. Ungewöhnlich und nur vereinzelt zu hören.*
Topsi *Aus dem Englischen für top: Spitze. Zärtlicher und seit langem beliebter Kosename.*
Tosca *→ Malerei und Musik, Seite 43*
Tracy *Englisch, Koseform von Theresa. Modern, eigenständig.*
Trixi *Kurz- und Koseform von Beatrix, lateinisch: die Glück Bringende. Ein traditioneller Name, meist für kleine Rassen.*
Trudi *Koseform des alten deutschen Namens Gertrud.*
Tweety *Vom englischen tweet für Piepsen. Schönes Kosewort für kleine Hunde.*
Twiggy *Englisch: Zweiglein. Auch Name eines früheren, sehr dünnen Models. Passt zu superschlanken Hunderassen.*

Undine *Geht zurück auf das lateinische unda für die Welle. Ein extravaganter Name, nicht für jede Hündin geeignet.*
Uschi *Koseform von Ursula, eigenständig benutzt. Seltener, aber origineller Hundename.*
Uta *Hochdeutsche Form von Oda. Schreibweise auch: Utta. Schriftstellerin Utta Danella.*

Vally *Wenig bekannte Kurzform von Valentina oder Valerie.*
Velvet *Englisch für Samt. Auch der Wortklang hat eine besondere und samtene Wirkung.*
Venus *Göttin der Liebe in der römischen Sage.*
Vera *Russisch: Zuversicht und Glaube. Seit langem auch im deutschen Sprachgebrauch.*
Vicki *Kurzform von Victoria, der altrömischen Siegesgöttin.*
Vivi *Kosename von Silvia.*
Vroni *Süddeutsche Koseform von Veronika. Seltener Vreni.*

Wanda *Ursprünglich polnisch, heute international beliebt.*
Wanja *Slawisch, wahrscheinlich weibliche Form von Iwan.*
Wendy → *Märchen und Fabel, Seite 27*
Whitie *Kose- und Spitzname, von englisch white für weiß. Weiß oder hellblond sollte die Namensträgerin schon sein.*
Whitney *Angloamerikanischer Name, lässig und im Trend. Popsängerin Whitney Houston.*
Wilma *Englische Kurzform von Wilhelmina. Fest im deutschen Sprachgebrauch.*
Winnie *Vom extravaganten und seltenen Winifred. Schauspielerin Winnie Markus.*
Wolke *Schönes Kosewort für Hündinnen mit einem langen und dichten Haarkleid.*
Wuschel *Rufname für kleine Hündinnen im Wuschelfell.*

Xandra *Interessante Kurzform von Alexandra.*
Xaveria *Weibliches Pendant zu Xaver. Selten, eigenwillig.*
Xena *Abgeleitet vom bekannteren Xenia.*
Xenia *Aus dem Griechischen: die Gastfreundliche. Edel und fremdartig, aber reizvoll.*
Xuxa *Künstler- und Kosename des brasilianischen TV-Stars Maria da Graça Menghel.*

Yara *Aus dem Brasilianischen, ungewöhnlich und klangvoll. Andere Schreibweise: Jara.*
Yasmin *Exotisch und so duftig wie der Zierstrauch. Häufigere Schreibweise: Jasmin.*
Yoko *Klingt exotisch und japanisch. Yoko Ono, Frau des verstorbenen Beatles John Lennon.*
Yo-Yo *Geschicklichkeitsspiel. Mit ungewöhnlichem, aber schönem Wortklang. Auch: Jo-Jo.*

Zarah → *Malerei und Musik, Seite 43*
Zenzi *Immer noch verbreitete Koseform von Innozentia, fast nur in Süddeutschland.*
Zilla *Koseform von Cäcilie. Frech, frisch und aufgeweckt.*
Zita *Wahrscheinlich abgeleitet vom italienischen Wort für Mädchen, eventuell auch eine Kurzform von Franziska.*
Zizzy *Kurz und peppig vom englischen Namen Zinnia.*
Zoë *Griechisch für Leben. Romantisch und anspruchsvoll.*
Zora *Zeitgemäß von Aurora, der Göttin der Morgenröte. Unkompliziert, dynamisch.*

HUNDE UND IHRE MENSCHEN

Henry und Gilbert Möpse von Loriot, **Bauschan** Thomas Manns Hühnerhund, **Muggsie** der Collie von Marilyn Monroe, **Buddy** Labrador des früheren US-Präsidenten Bill Clinton, **Martha** Schäferhund von Paul McCartney, **Ponto** Jean Pauls Pudel, **Poor Pooh** Jack Russell von Prinz Charles, **Charley** Pudel von John Steinbeck, **Lucy** Boxer von Jodie Foster, **Fala** Franklin D. Roosevelts Terrier.

ADRESSEN

Verbände/Vereine

➤ Fédération Cynologique Internationale (FCI), Place Albert 1er, 13, B-6530 Thuin/Belgien, www.fci.be

➤ Verband für das Deutsche Hundewesen e. V. (VDH), Postfach 104154, 44041 Dortmund, www.vdh.de

➤ Österreichischer Kynologenverband (ÖKV), Johann-Teufel-Gasse 8, A-1230 Wien, www.oekv.at

➤ Schweizerische Kynologische Gesellschaft (SKG/SCS), Länggassstr. 8, CH-3012 Bern, www.hundeweb.org

Anschriften von Hundeclubs und -vereinen können Sie bei den vorgenannten Verbänden erfragen.

➤ Deutscher Tierschutzbund e. V., Baumschulallee 15, 53115 Bonn, www.tierschutzbund.de

➤ Gesellschaft für ganzheitliche Tiermedizin e.V. (GGTM), Geschäftsstelle: Dr. M. Wolters, Dahlienstr. 15, 53332 Bornheim-Waldorf, www.ggtm.de

Hunde im Internet

Viel Wissenswertes rund um Hunde, inklusive Gesundheit, Ernährung, Urlaub, Rassen und Hundeschulen, finden Sie auf folgenden Internetseiten:

➤ www.hunde.com
➤ www.hundewelt.de
➤ www.mypetstop.com
➤ www.hund.ch

Informationen über giftige Pflanzen erhalten Sie unter:
➤ www.vetpharm.unizh.ch/perldocs/toxsygry.htm

Fragen zur Haltung beantworten

Ihr Zoofachhändler und der Zentralverband Zoologischer Fachbetriebe Deutschlands e. V. (ZZF), Rheinstr. 35, 63225 Langen, Tel. 0 61 03/91 07 32 (nur telefonische Auskunft möglich), www.zzf.de

Haftpflichtversicherung

Fast alle Versicherungen bieten auch Haftpflichtversicherungen für Hunde an.

Krankenversicherung

➤ Uelzener Allgemeine Versicherungsgesellschaft AG, Postfach 2163, 29511 Uelzen, www.uelzener.de

➤ AGILA Haustier-Krankenversicherung AG, Breite Str. 6 – 8, 30159 Hannover, www.agila.de

Registrierung von Hunden

➤ Haustierzentralregister, TASSO e. V., Frankfurter Str. 20, 65795 Hattersheim, Tel. 0 61 90/93 22 14, www.tiernotruf.org

➤ Internationale Zentrale Tierregistrierung (IFTA), Weiherstr. 8, 88145 Maria Thann, Tel. 0 08 00/84 37 73 -44 78 37 (kostenlos), www.tierregistrierung.de

➤ Deutsches Haustierregister, Deutscher Tierschutzbund e. V., Baumschulallee 15, 53115 Bonn, www.tierschutzbund.de

Wer seinen Hund vor Tierfängern und dem Tod im Versuchslabor schützen will, kann ihn hier registrieren lassen.

BÜCHER

Für die Praxis:

➤ Bergler, R.: Warum Kinder Tiere brauchen. Herder Verlag, Freiburg
➤ Schlegl-Kofler, K.: Unser Welpe. Gräfe und Unzer Verlag, München
➤ Schlegl-Kofler, K.: Hundeschule für jeden Tag. Gräfe und Unzer Verlag, München

Zum Schmökern und Schmunzeln:

➤ Abramowitz, E. (Hrsg.): Hunde wie wir. Aufbau Verlag, Berlin
➤ Arnim, E. von: Alle meine Hunde. Insel Verlag, Frankfurt
➤ Dudman, H.: Schopenhauers Pudel, Hitchcocks Terrier und 67 andere verkannte Hunde. dtv, München
➤ Lindgren, A.: Ferien auf Saltkrokan. Oetinger, Hamburg

ZEITSCHRIFTEN

➤ Der Hund. Deutscher Bauernverlag, Berlin
➤ Unser Rassehund. Hrsg. Verband für das Deutsche Hundewesen e.V., Dortmund
➤ Partner Hund. Gong Verlag, München

DER AUTOR

Der Zoologe und Journalist Dr. Gerd Ludwig war Chefredakteur der Monatszeitschrift „Das Tier". Er ist heute als freier Journalist, Buchautor, Medienberater und Leiter von Textseminaren tätig. Vornehmlich für den Gräfe und Unzer Verlag hat er mehrere Ratgeberbücher zur Haltung von Katzen und Hunden verfasst.

DIE FOTOGRAFEN

Bilder Pur/Hermeline/Cogis: Seite 8 li.; Juniors: Seite 9 re.; Juniors/Botzenhard: Seite 9 li.; Juniors/Schanz: Seite U2, 3 u., U4 li.; Juniors/Steimer: Seite U1, 7, 8 mi.; Juniors/Wegler: Seite 11, 18, U4 re.; Steimer: Seite 2 o., 3 o. re., 9 mi., 16, 21, 26, 32, 38, 42, U4 o.; Wegler: Seite 2 u., 3 o. li., 4, 8 re., 13, 14, 17, 23, 25, 29, 30, 35, 37, 41, 45.

DANK

Autor und Verlag danken Gabriele Müller-Jensen, Stuttgart, für viele wertvolle Hinweise zur Herkunft und Bedeutung der in diesem Buch vorgestellten Hundenamen.

IMPRESSUM

© 2003 Gräfe und Unzer Verlag GmbH, München. Alle Rechte vorbehalten. Nachdruck, auch auszugsweise, sowie Verbreitung durch Bild, Funk, Fernsehen und Internet, durch fotomechanische Wiedergabe, Tonträger und Datenverarbeitungssysteme jeder Art nur mit schriftlicher Genehmigung des Verlages.

Leitende Redaktion:
Anita Zellner
Umschlaggestaltung und Layout: H. Bornemann Design, München
Satz: Filmsatz Schröter, München
Produktion:
Maike Harmeier
Repro: Longo, Bozen
Druck und Bindung:
Alcione, Trento

Printed in Italy

ISBN 3-7742-5923-2

Auflage	4.	3.	2.	1.
Jahr	2006	05	04	03

GRÄFE UND UNZER

Ein Unternehmen der
GANSKE VERLAGSGRUPPE